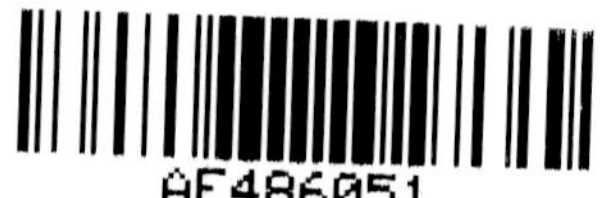
AF486051

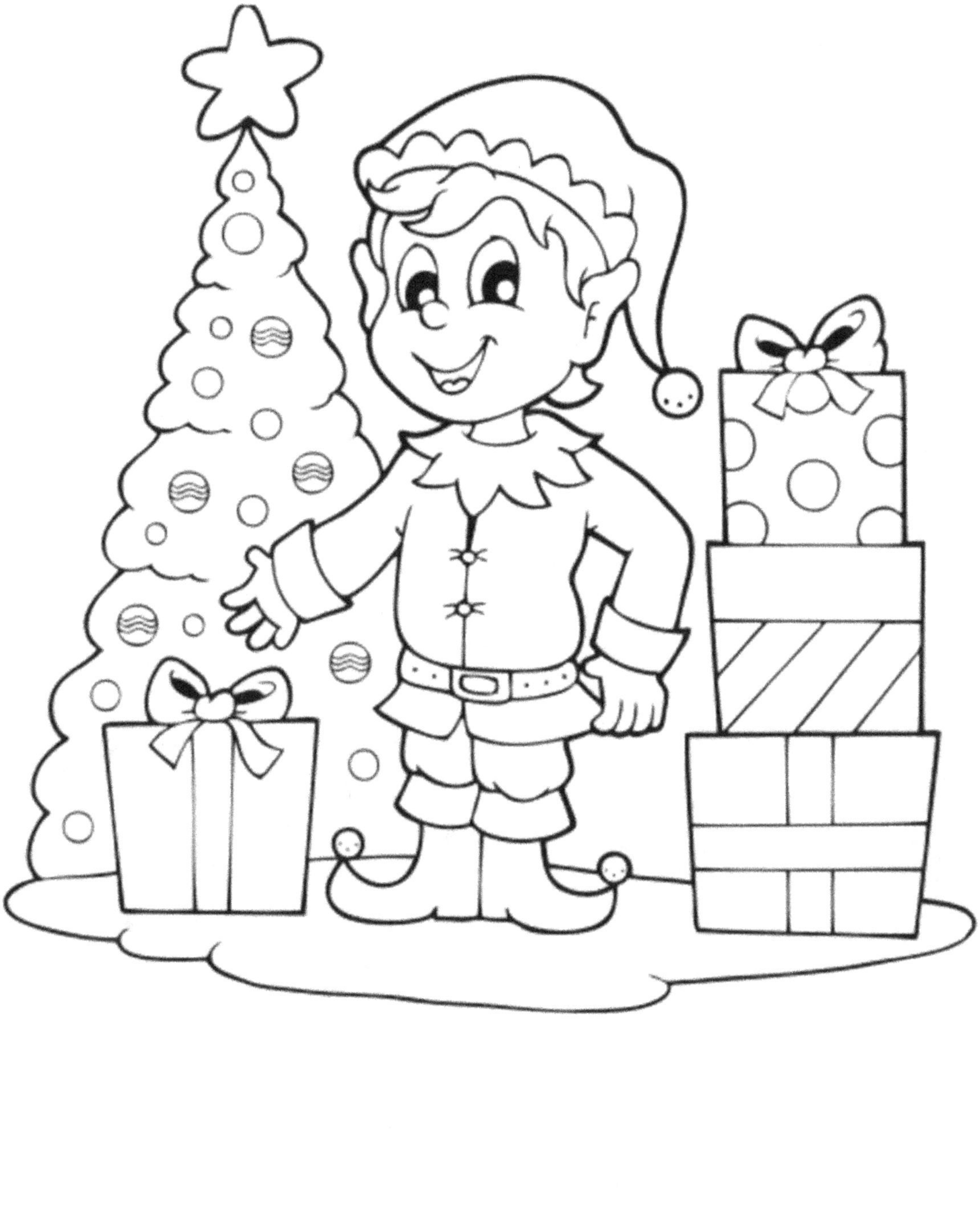

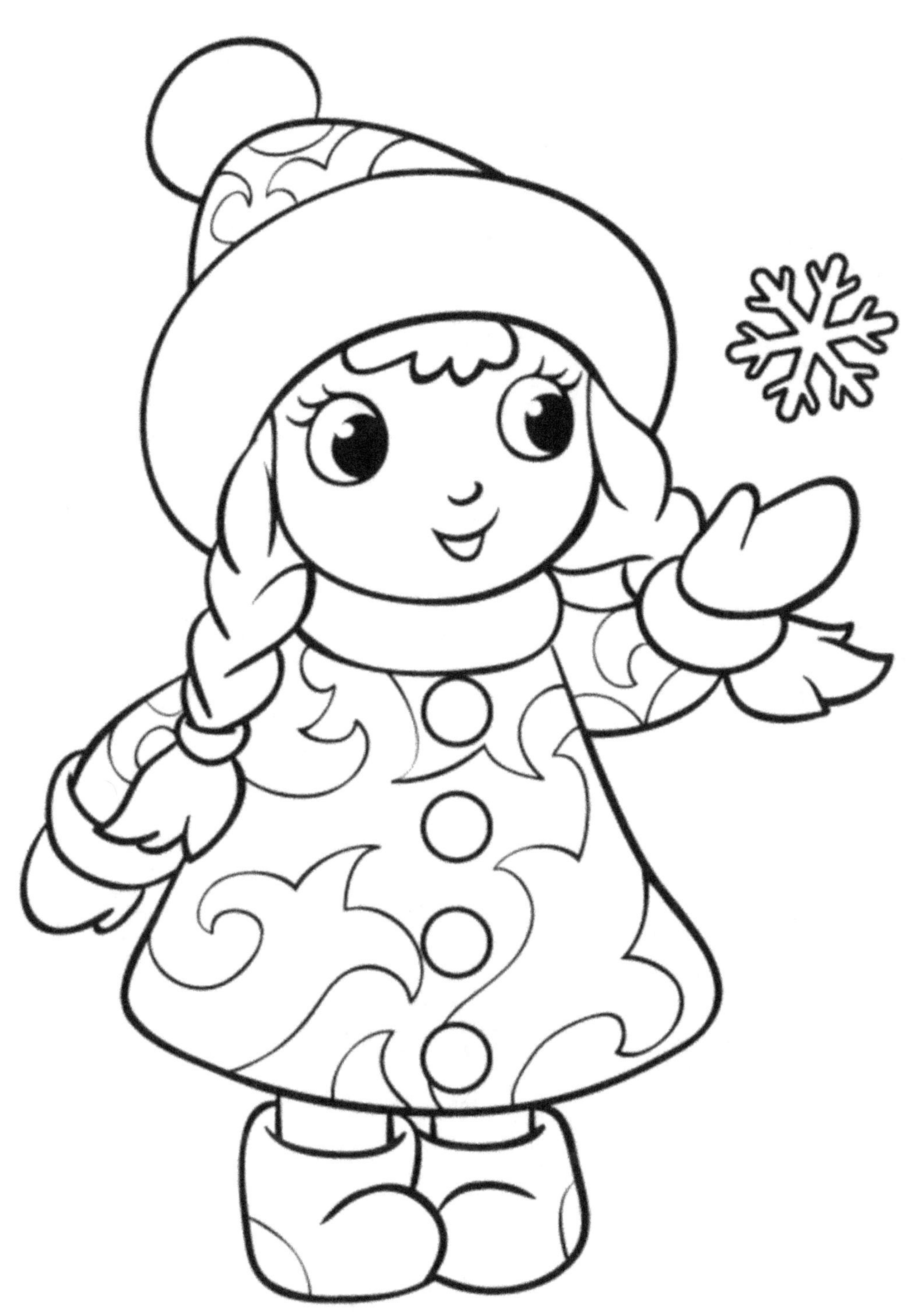

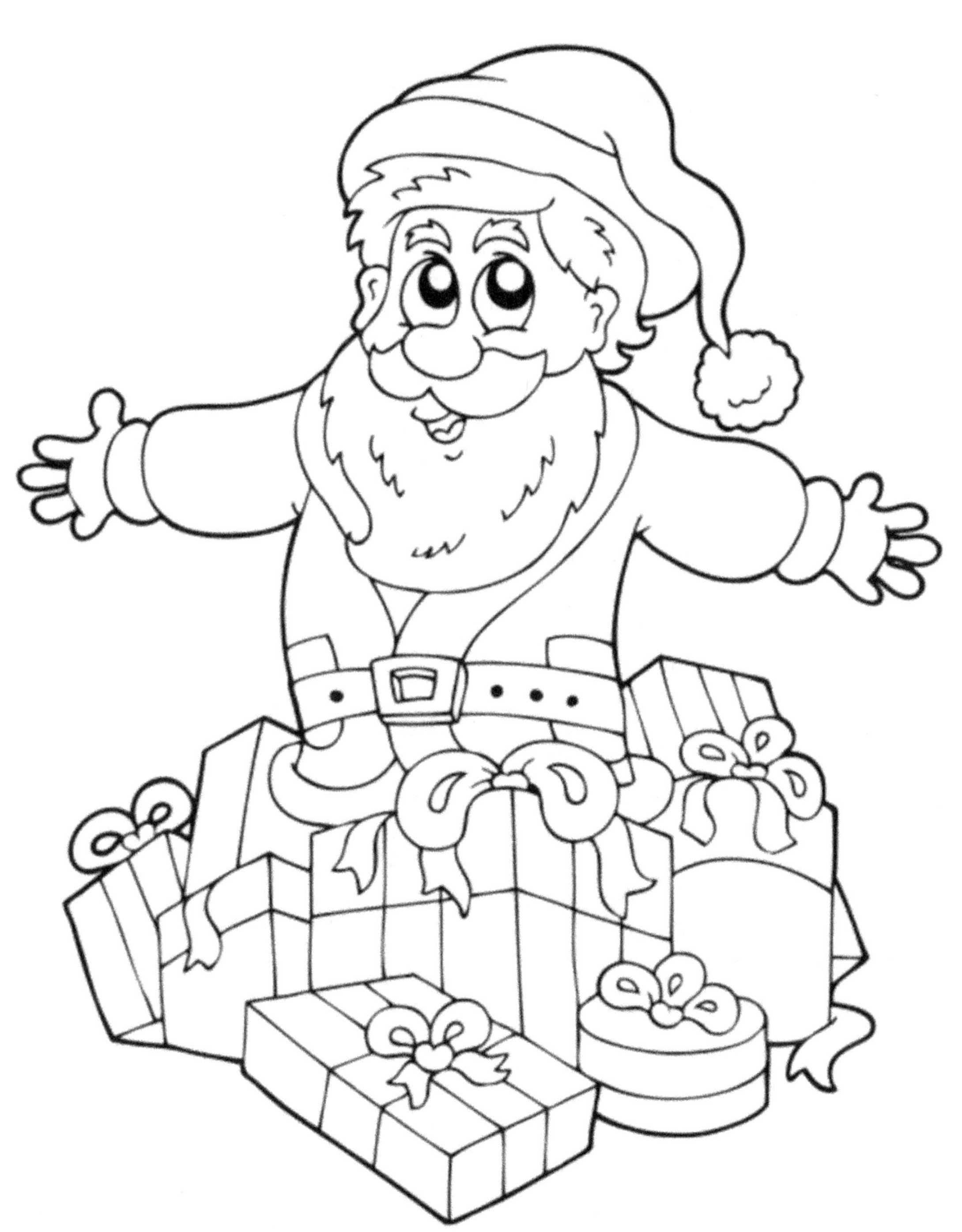

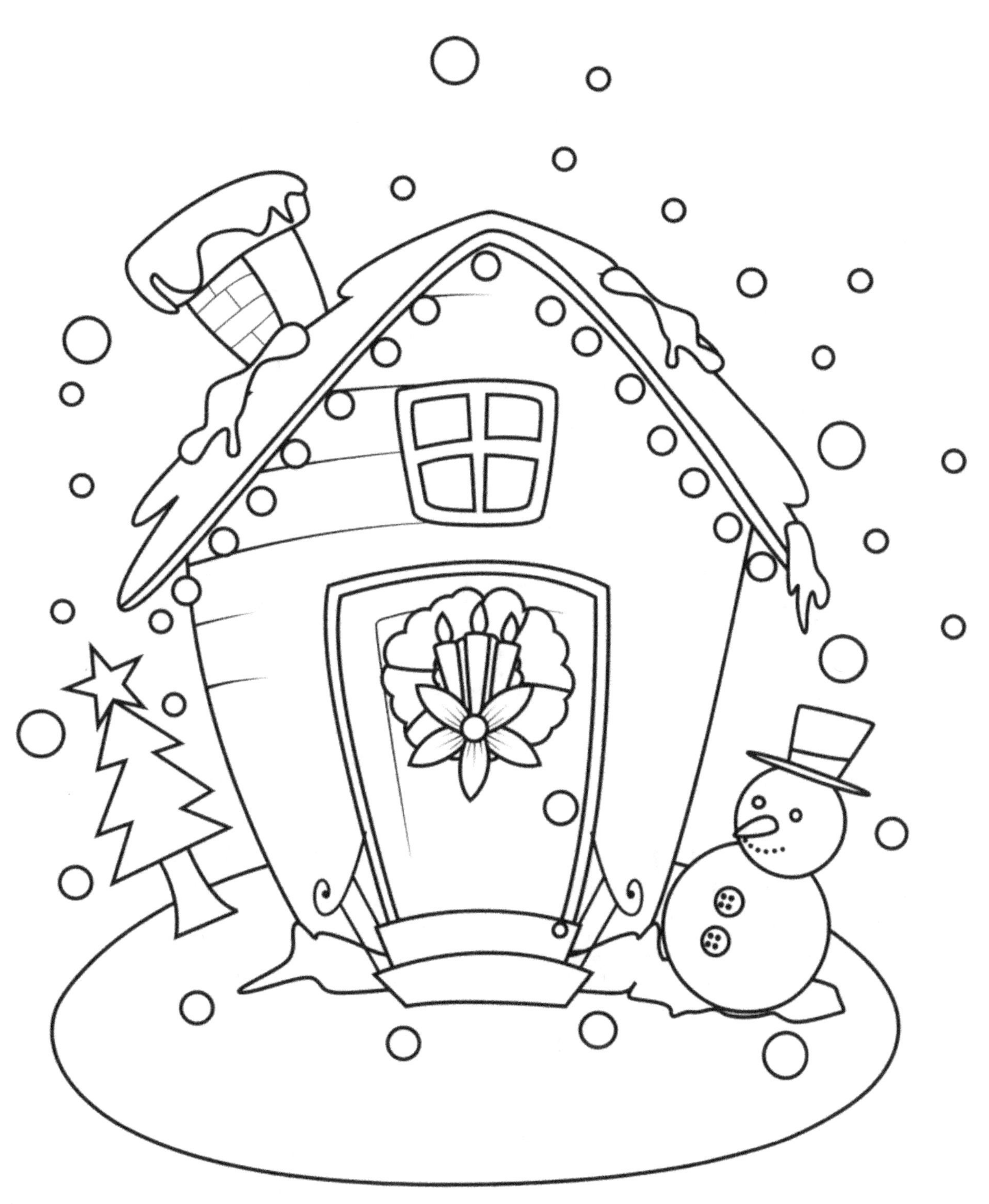

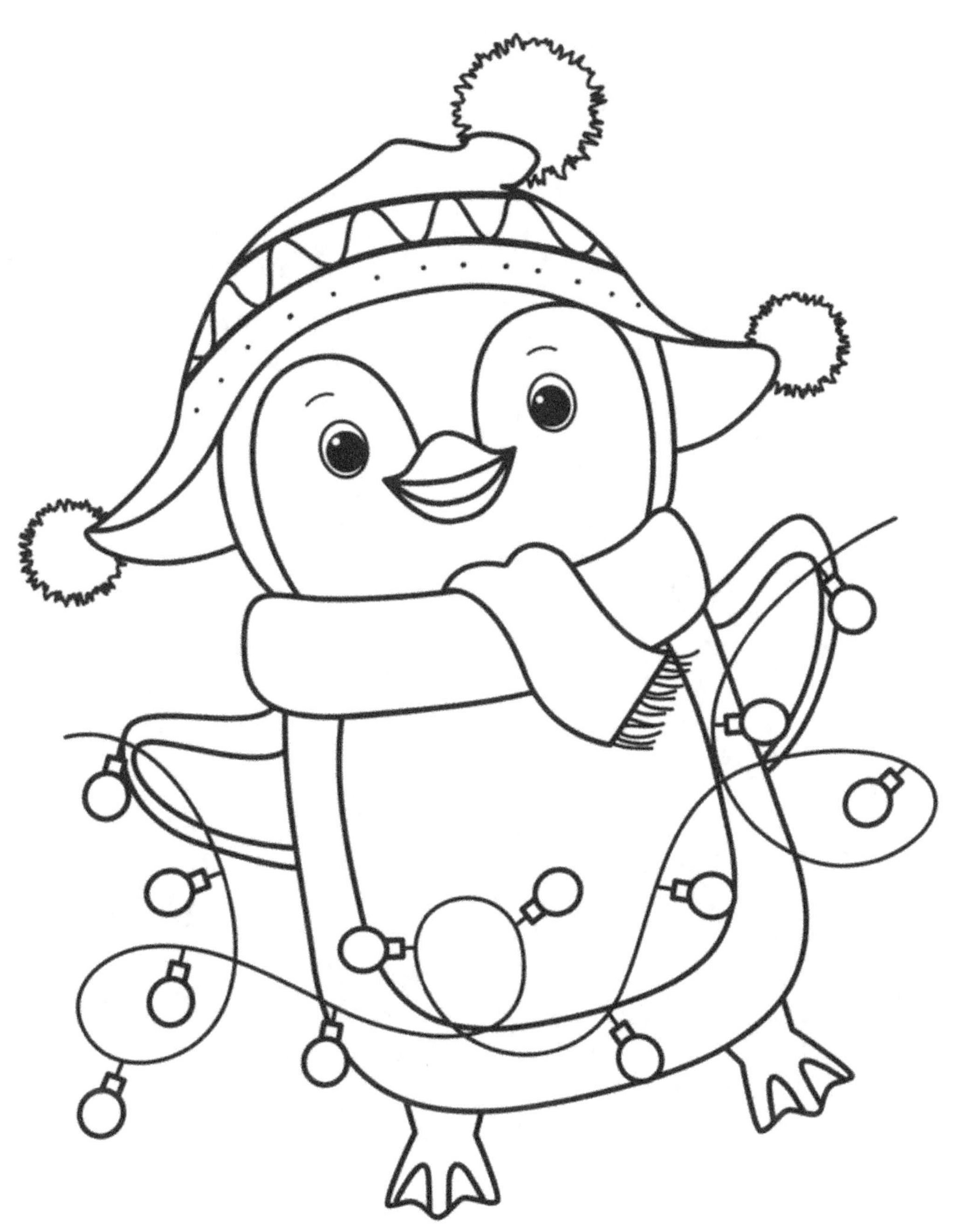

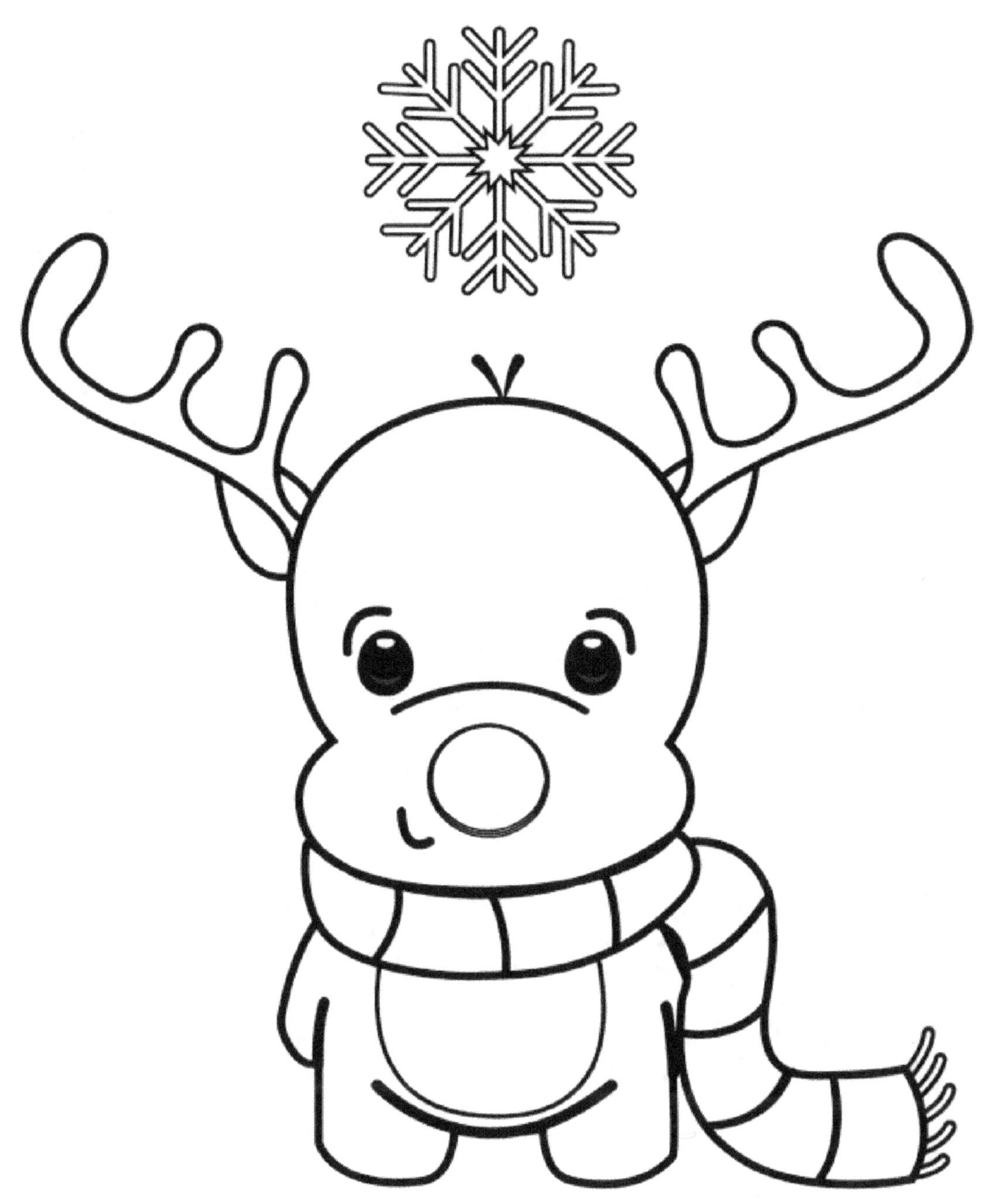

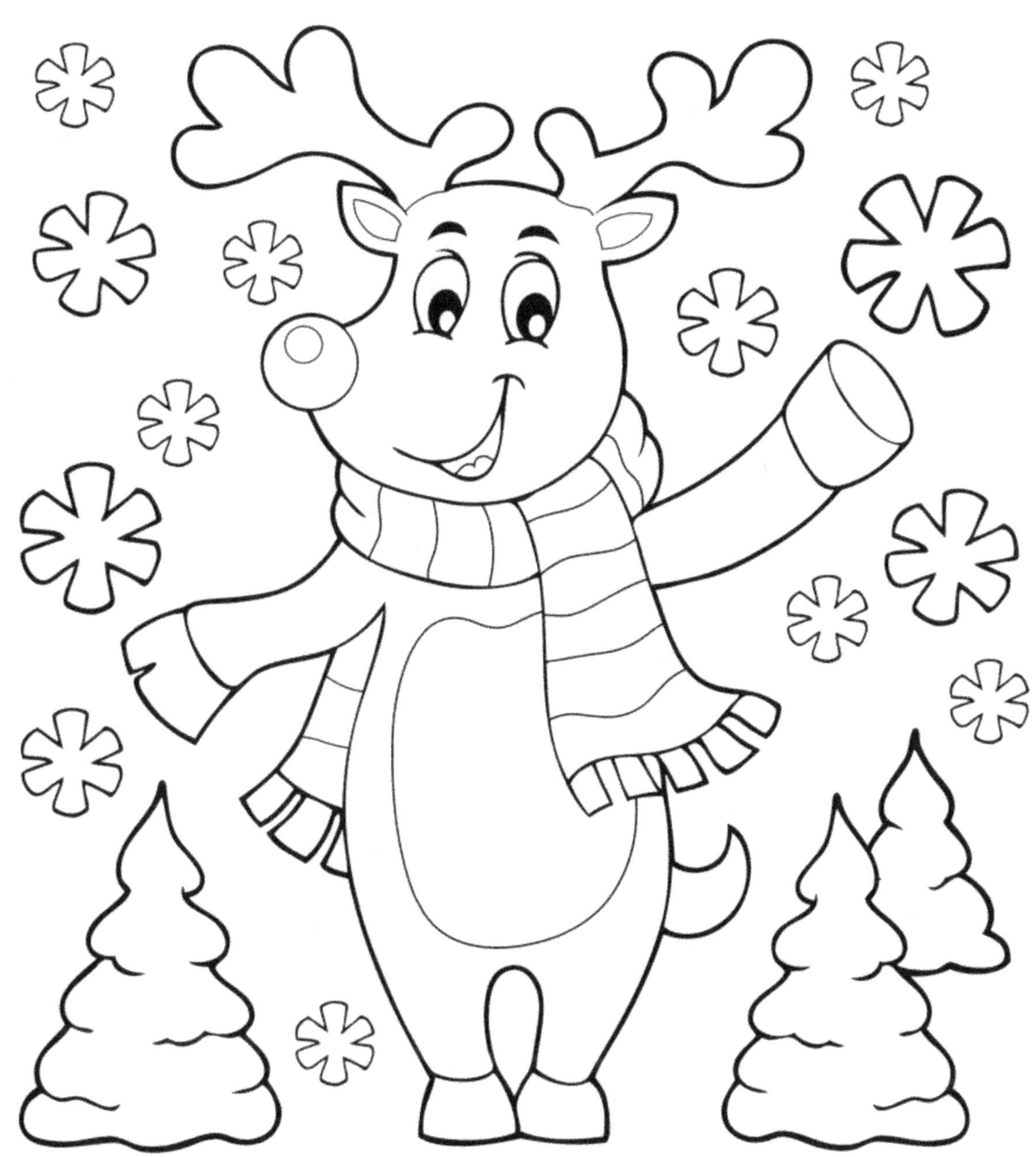

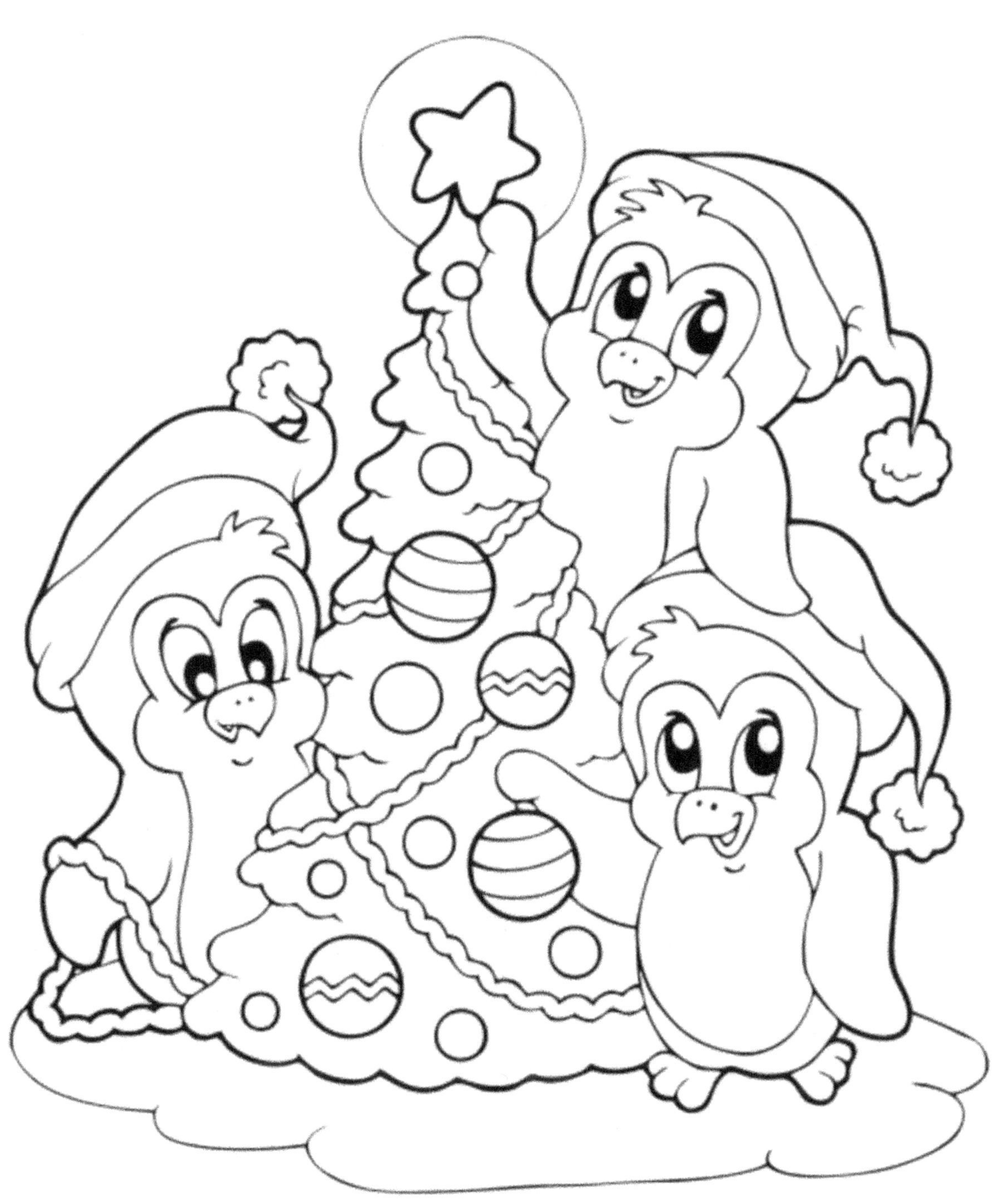

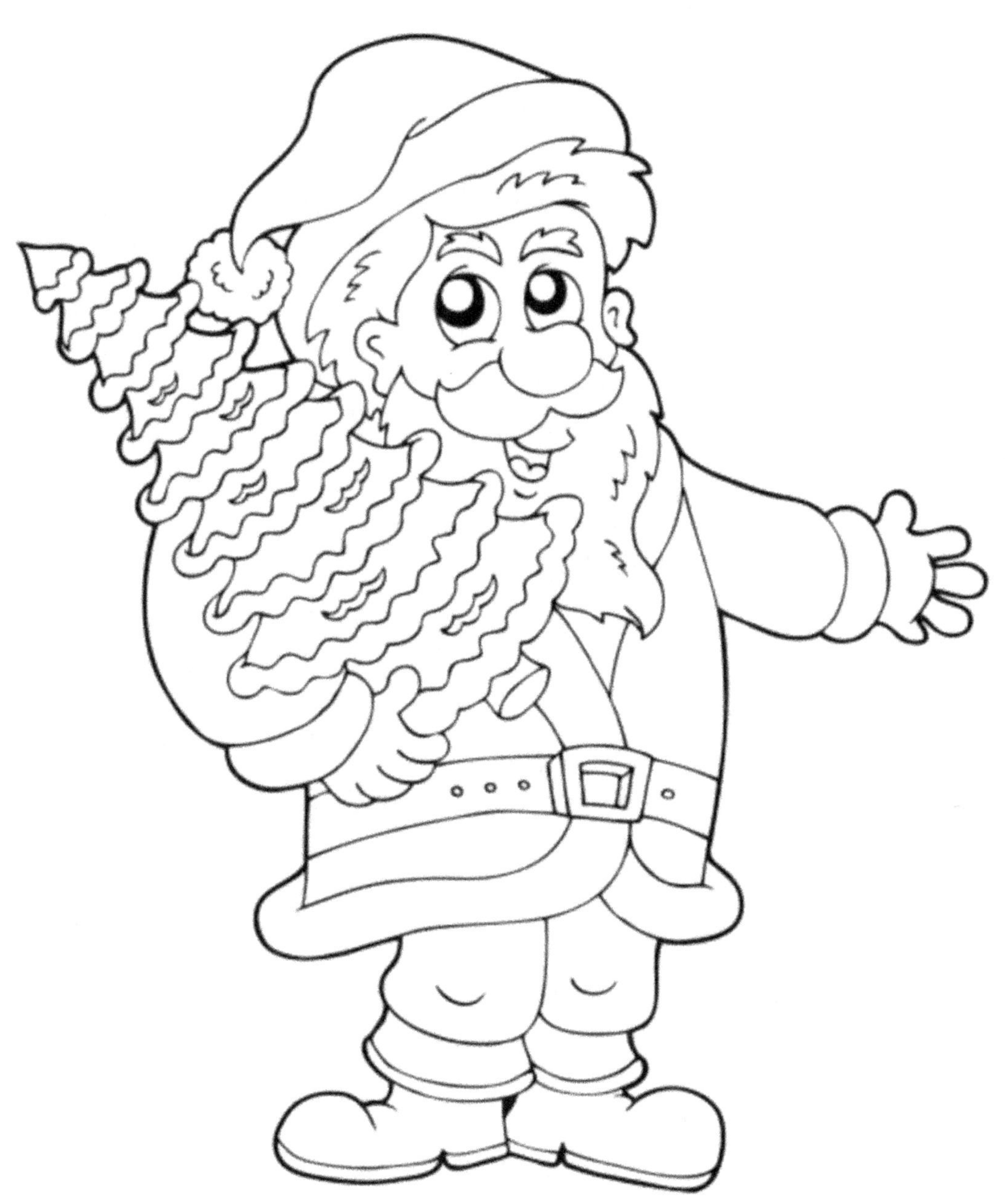

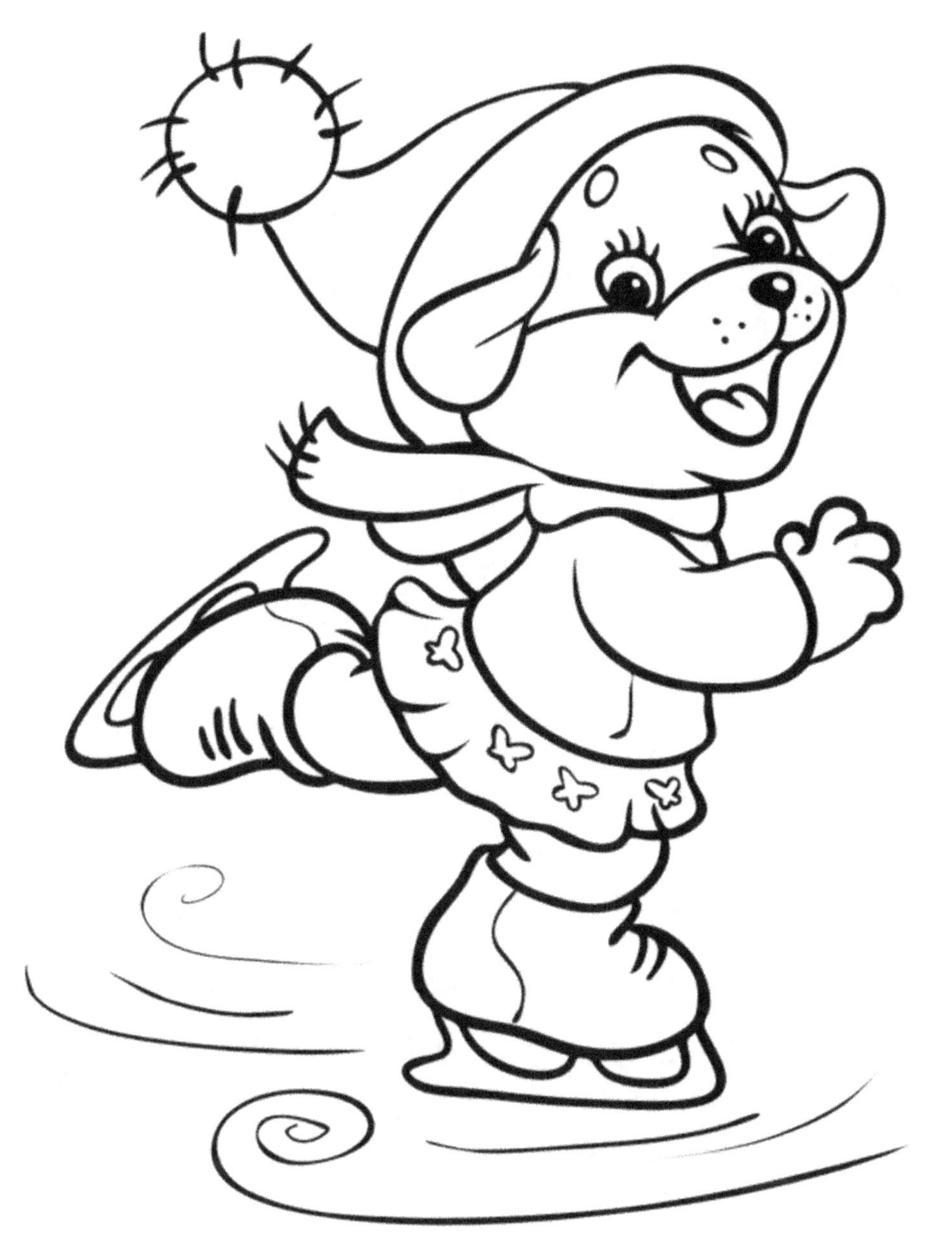

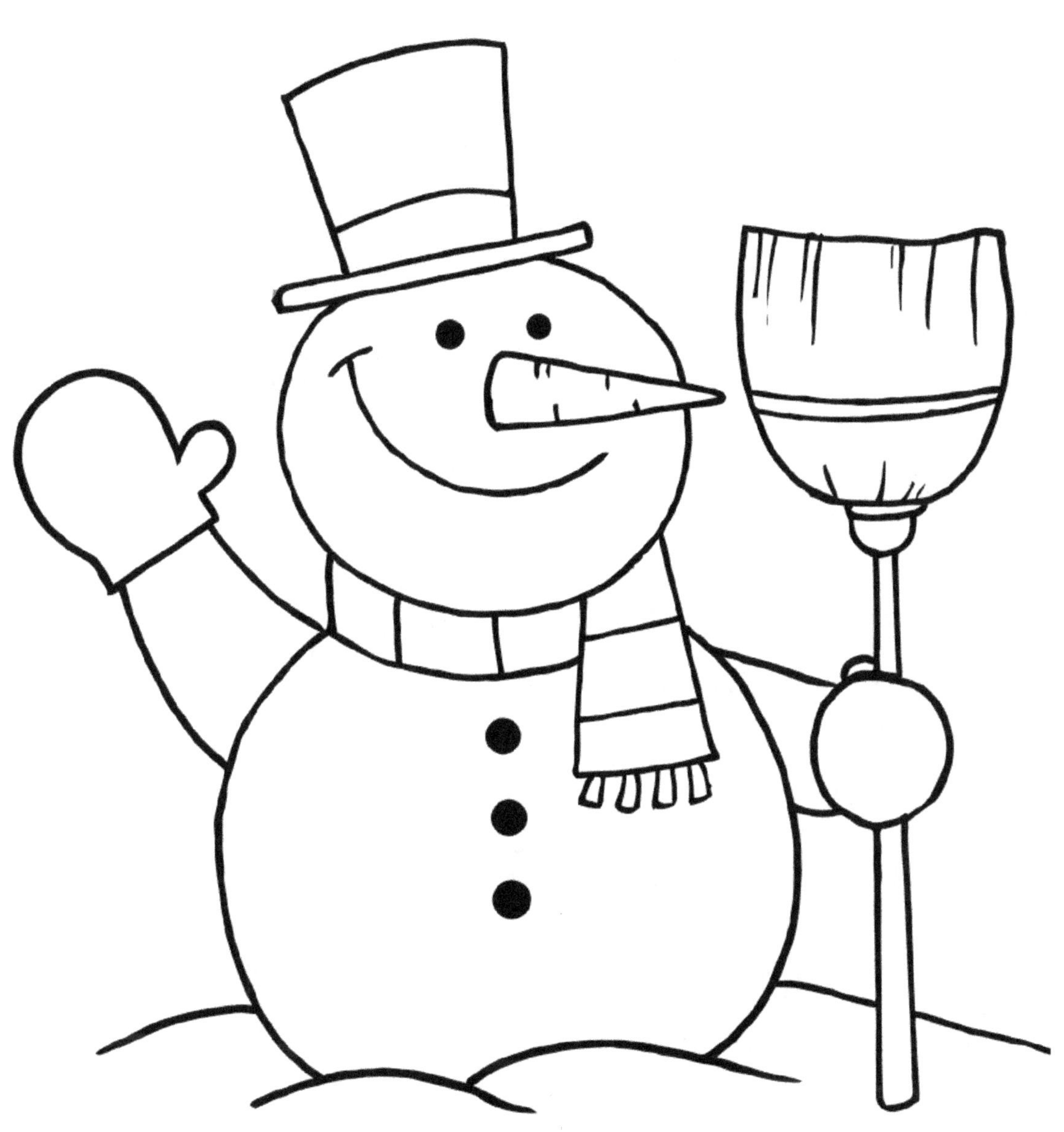

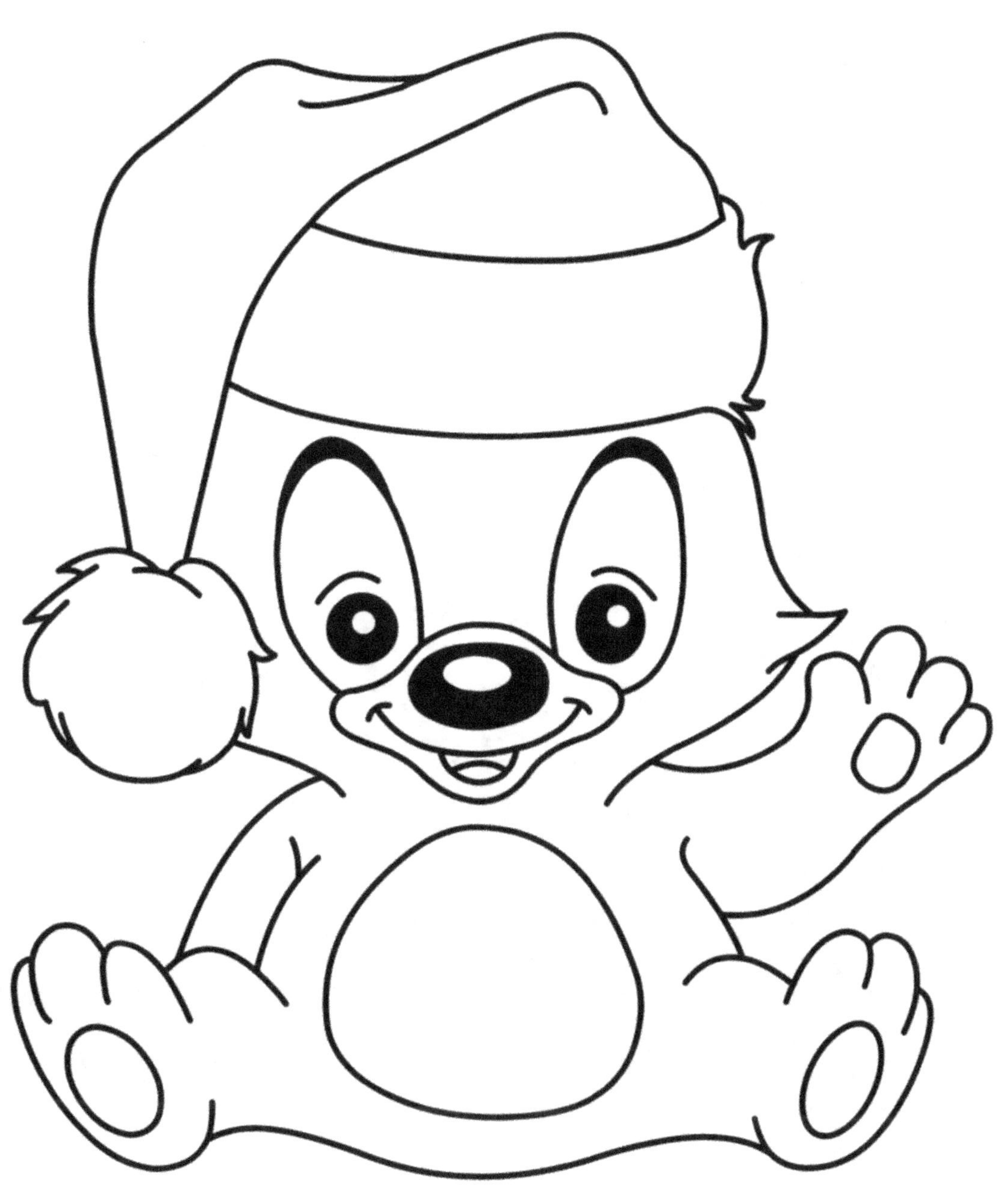

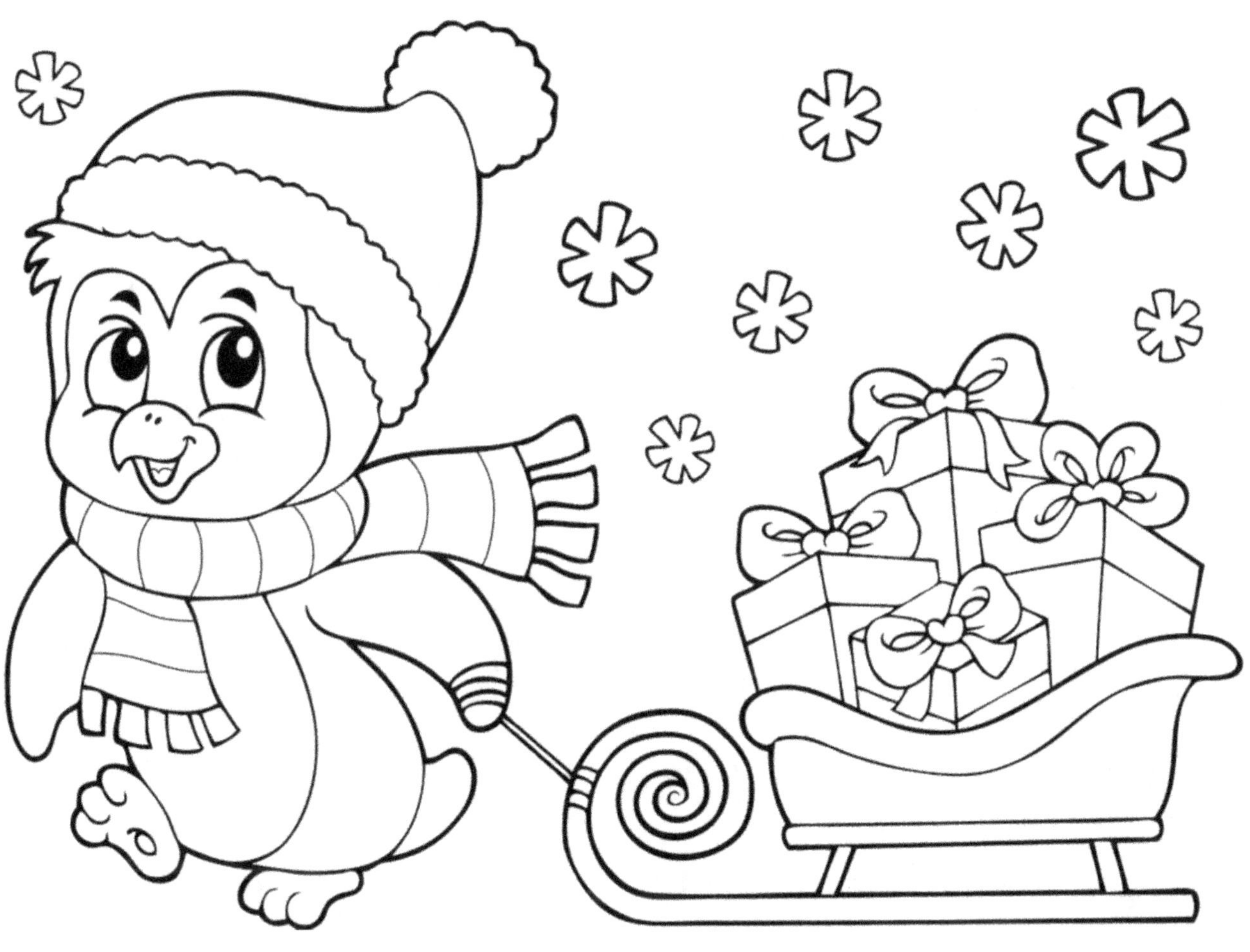

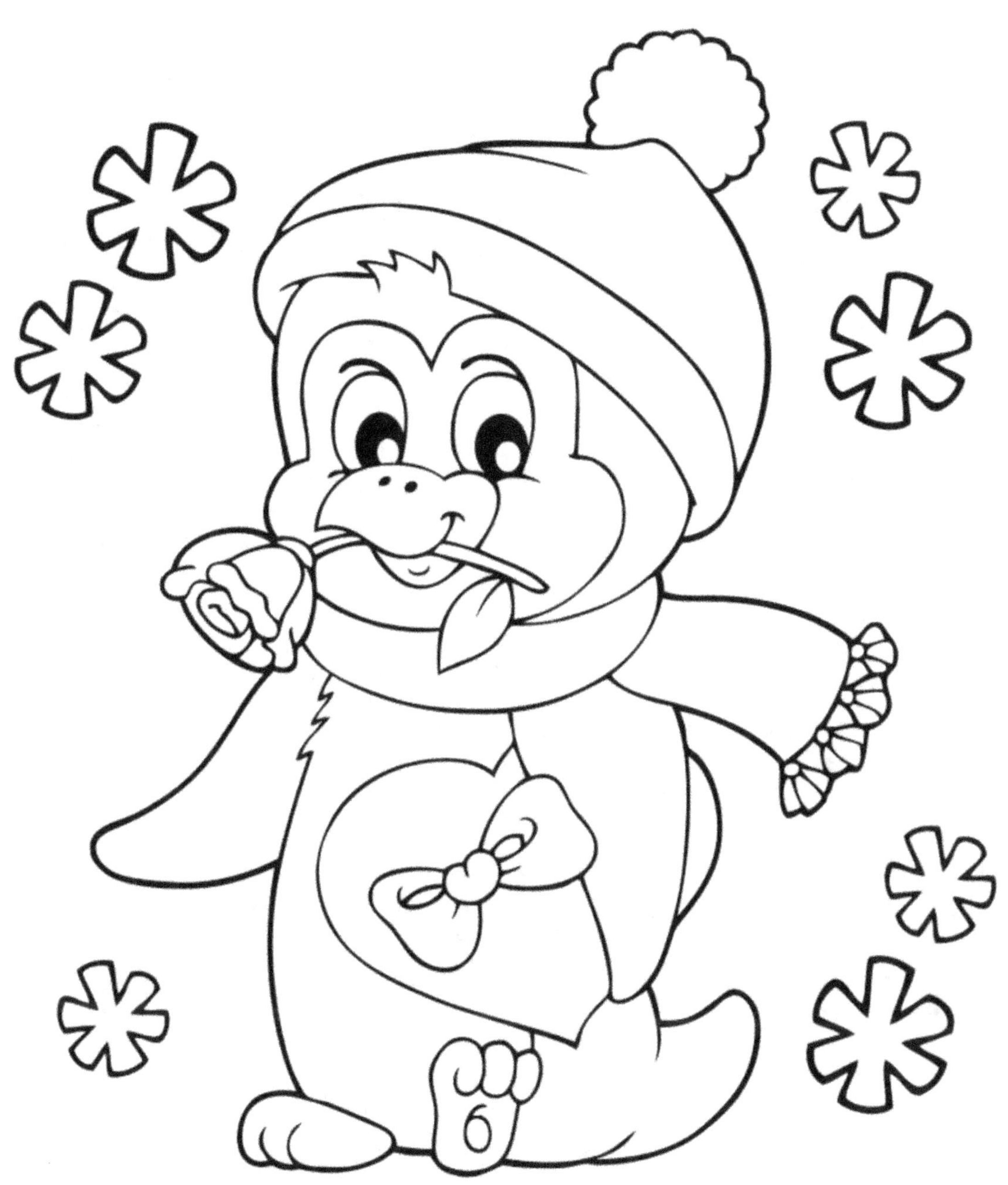

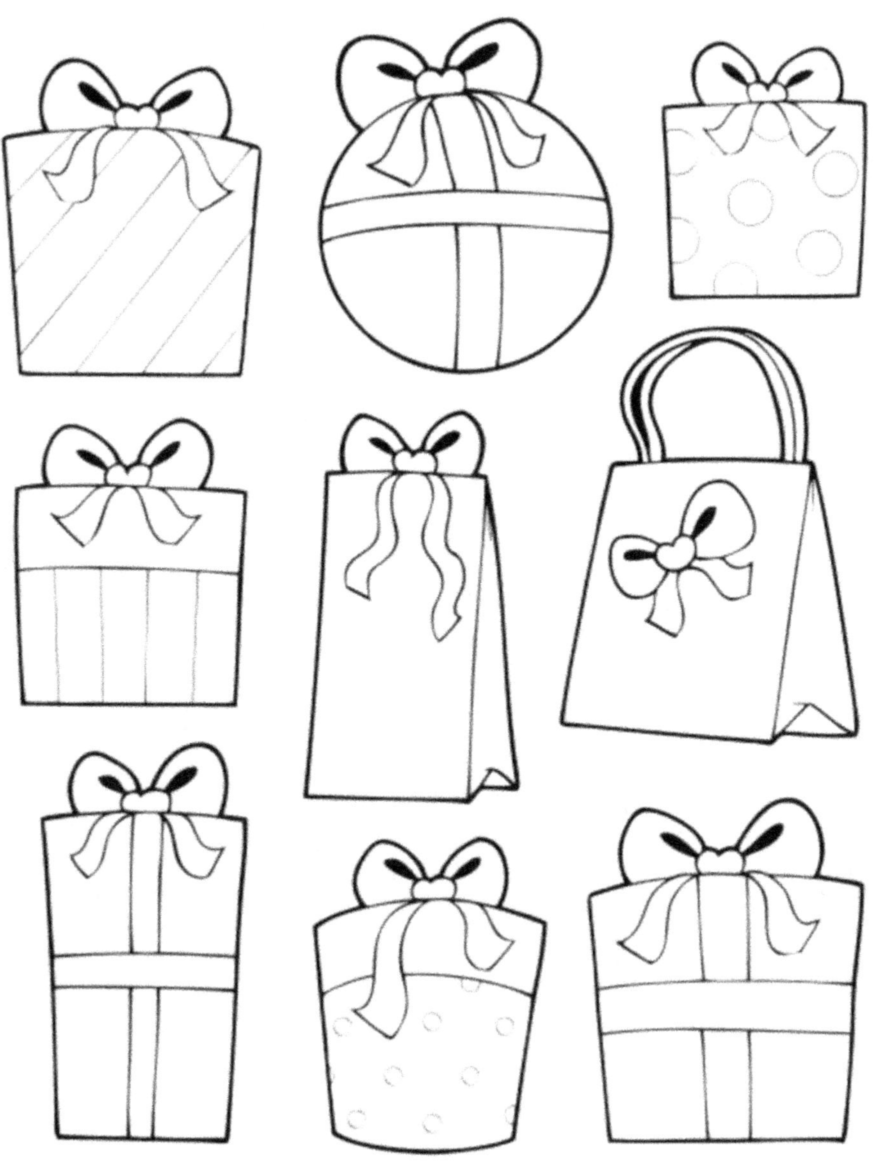

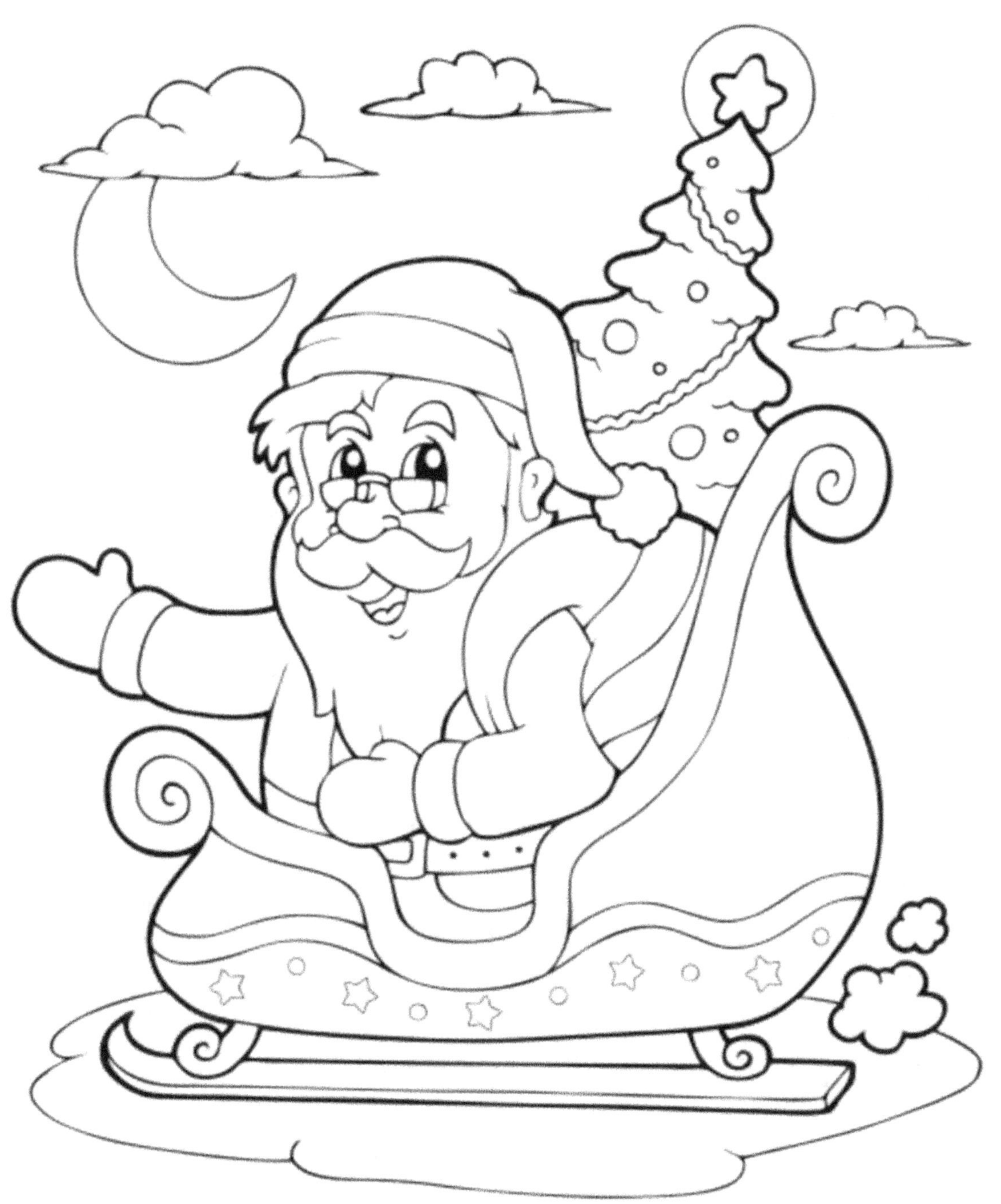

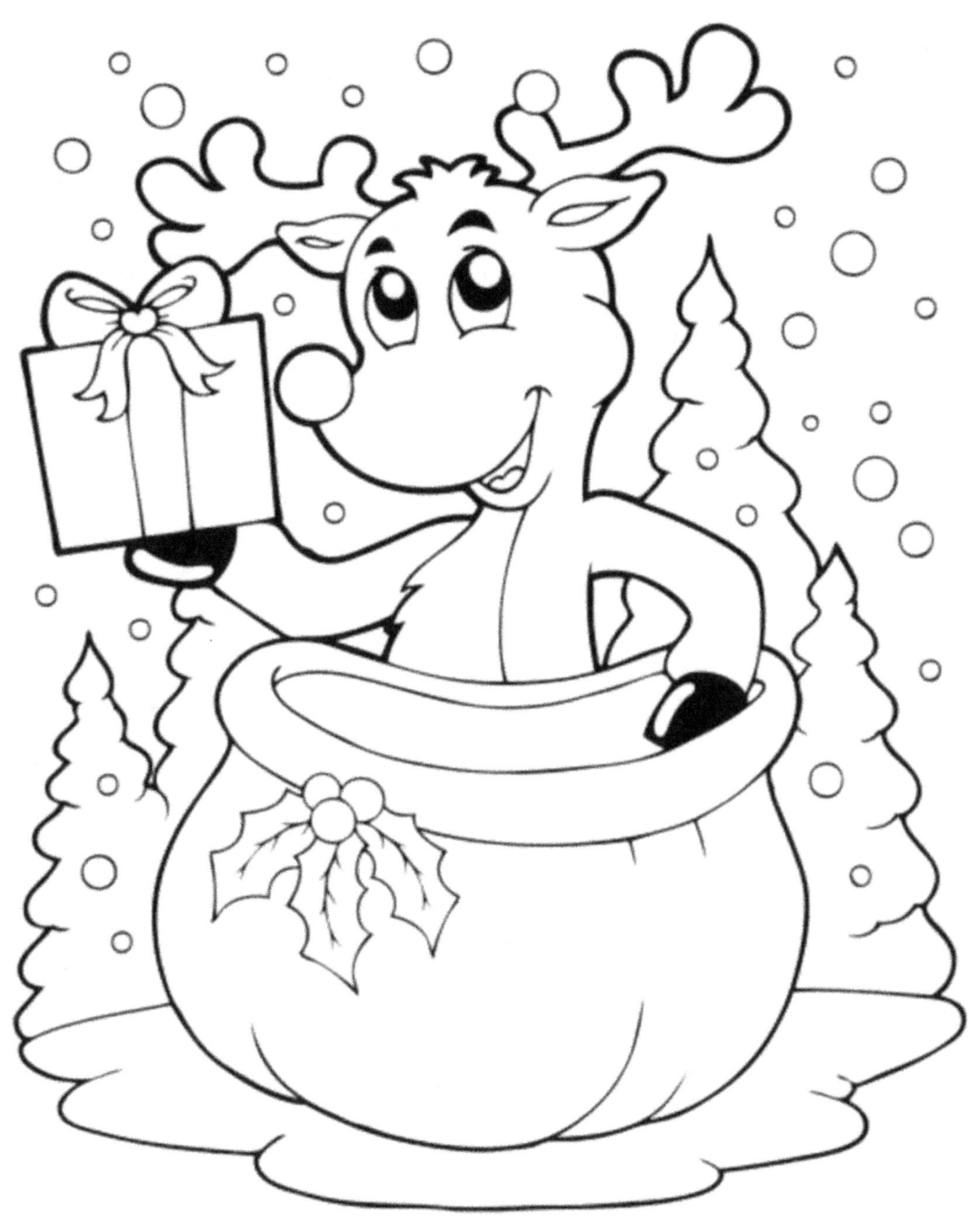

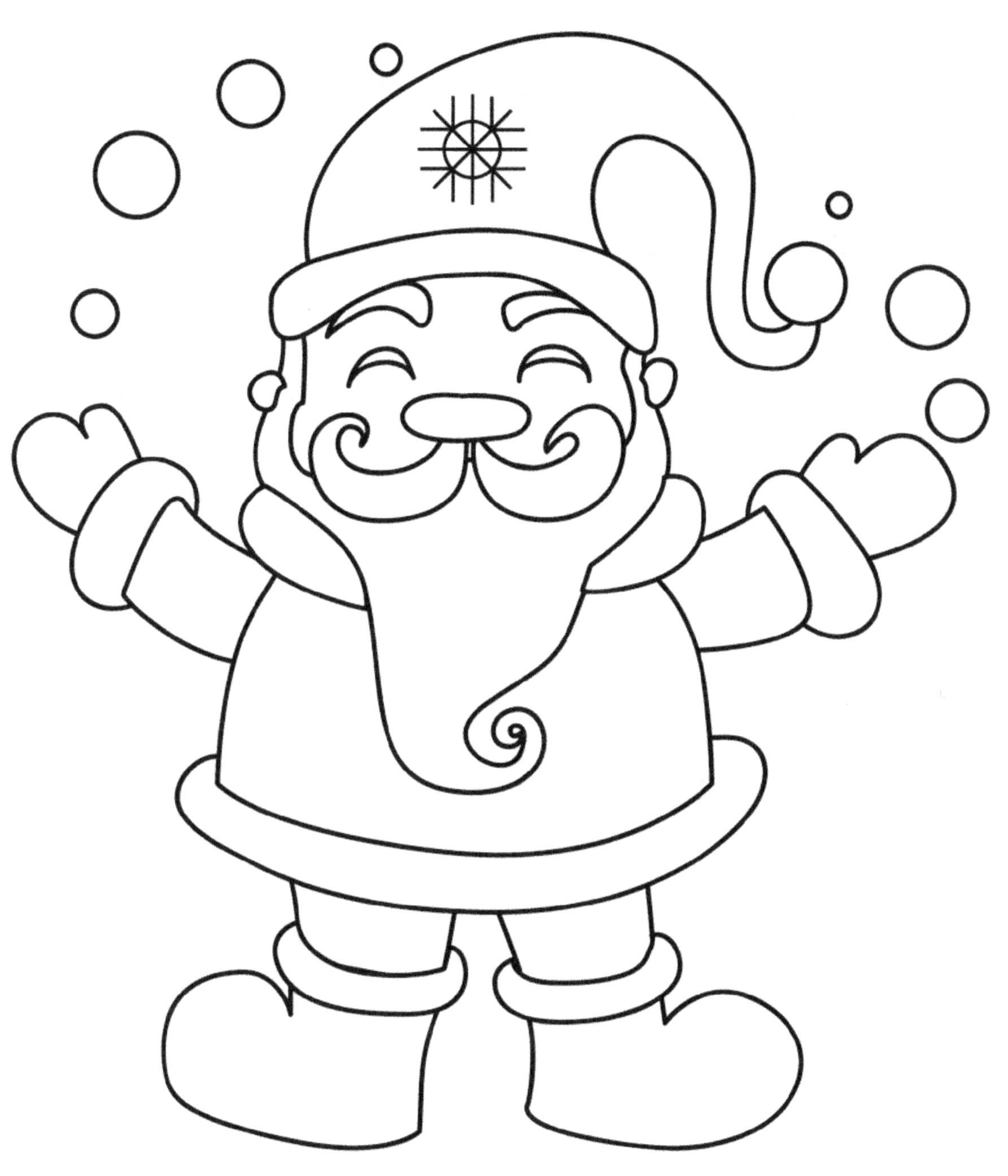

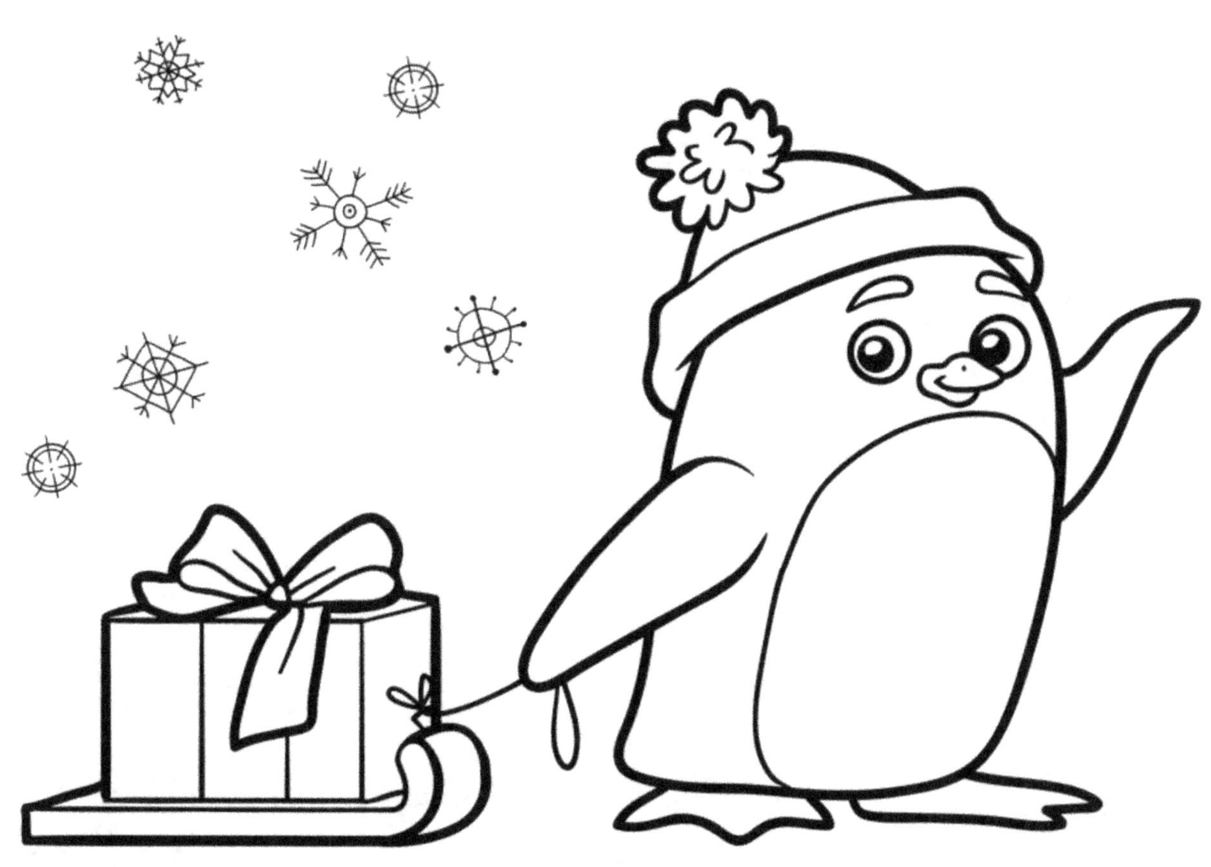

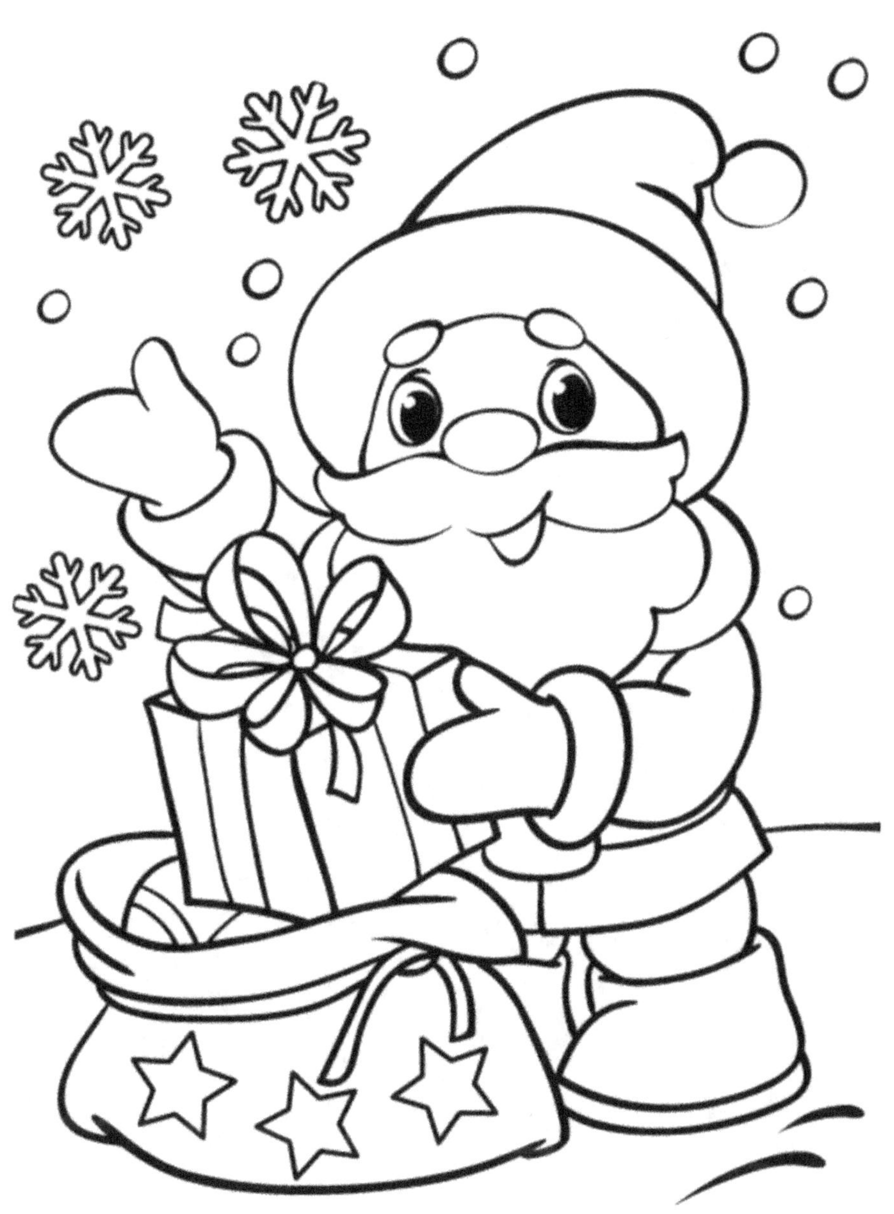

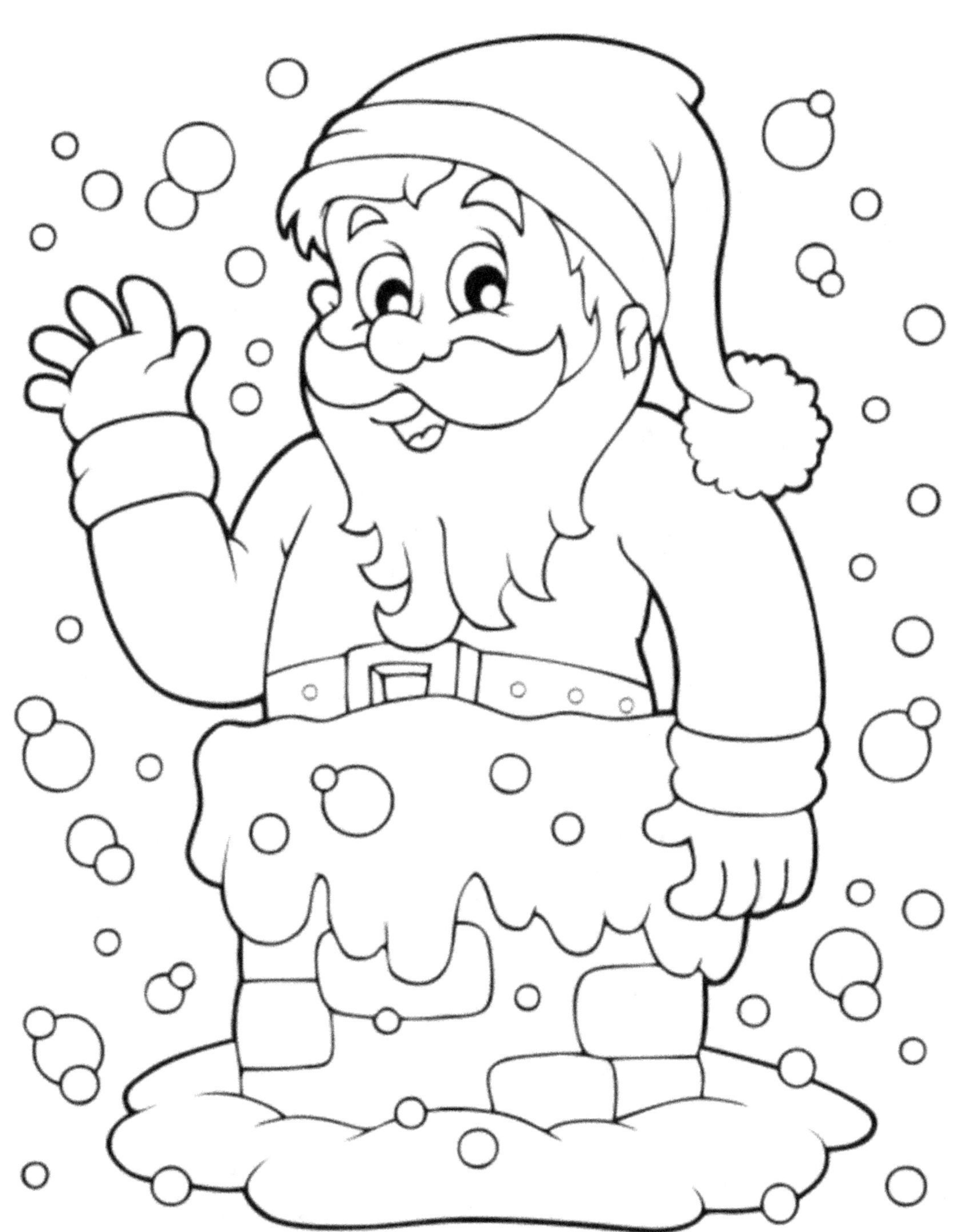

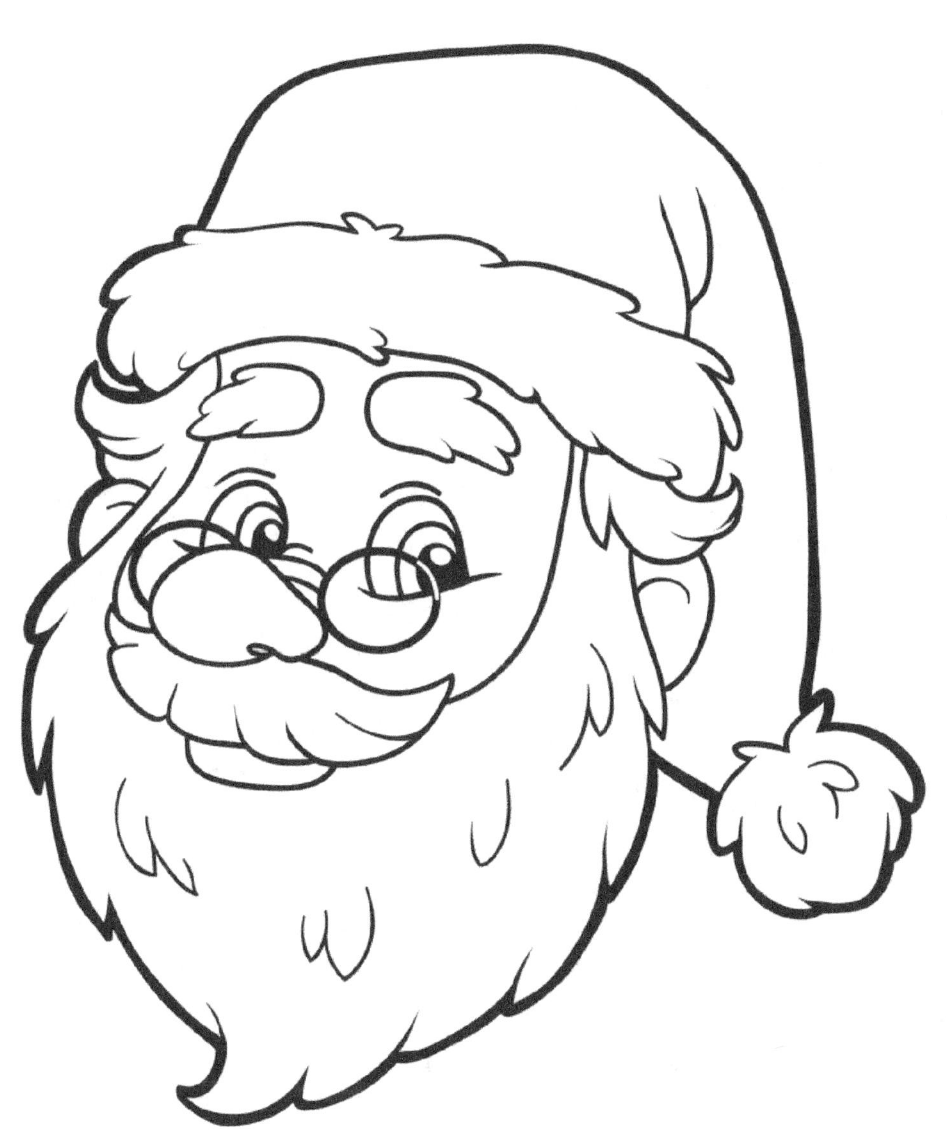

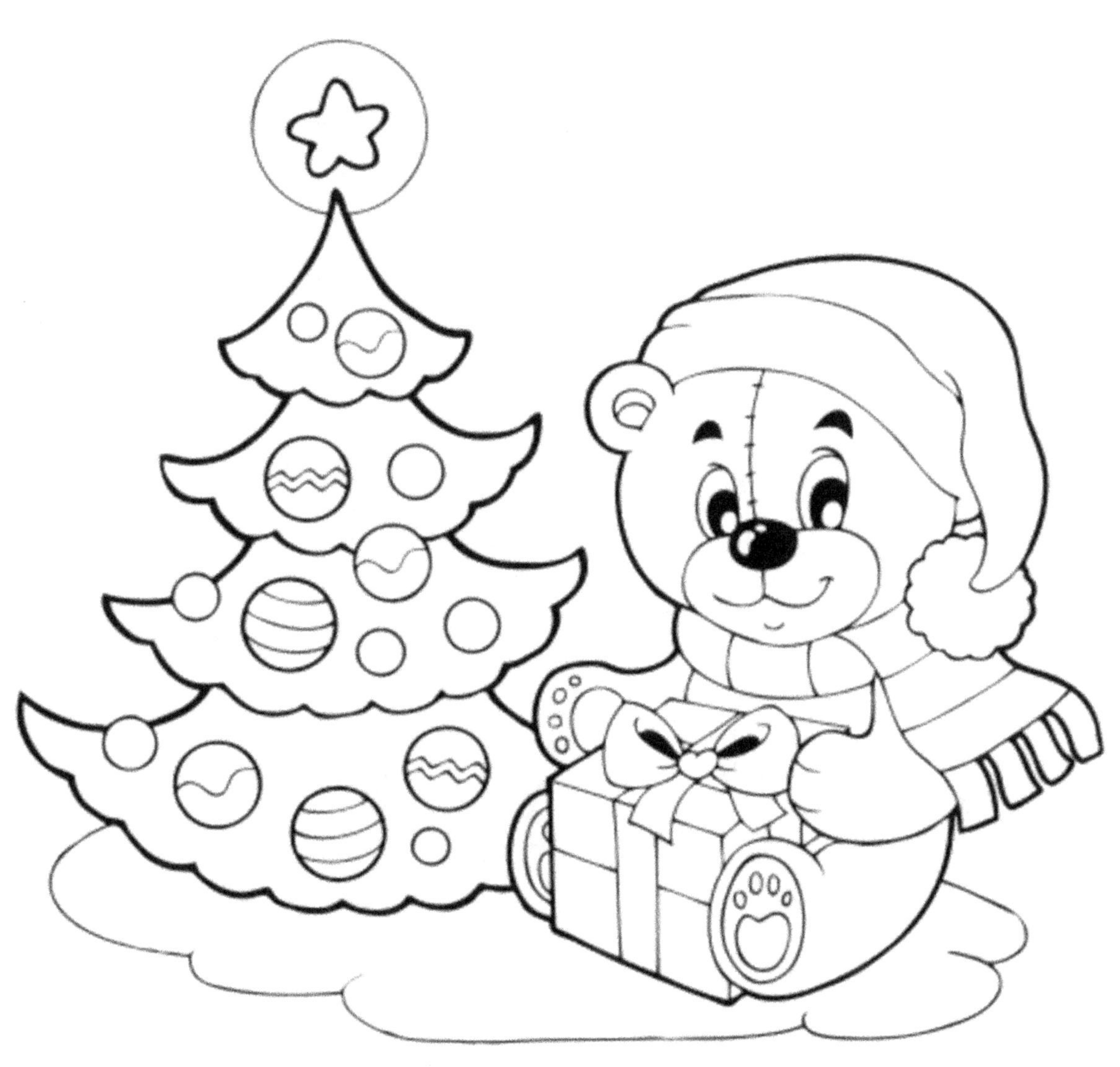

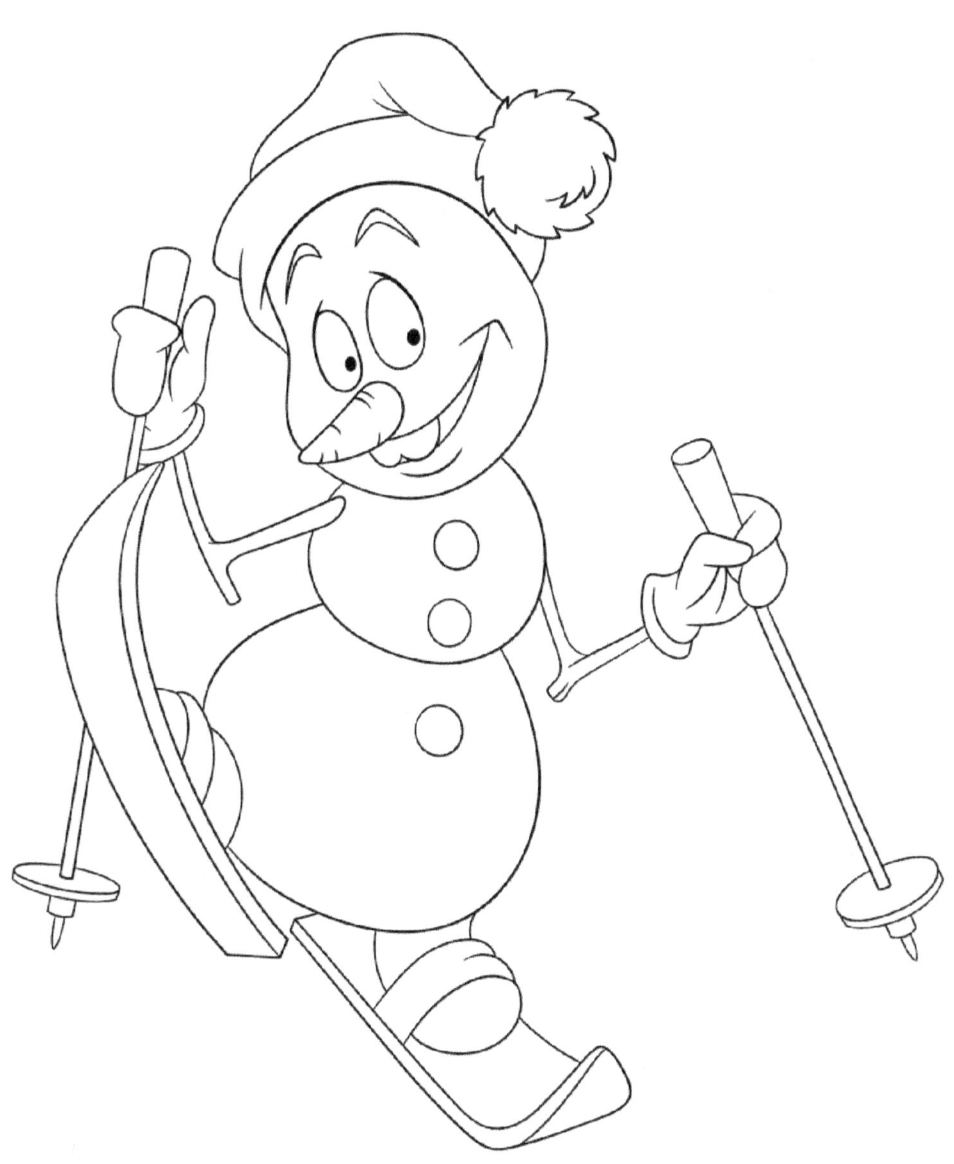

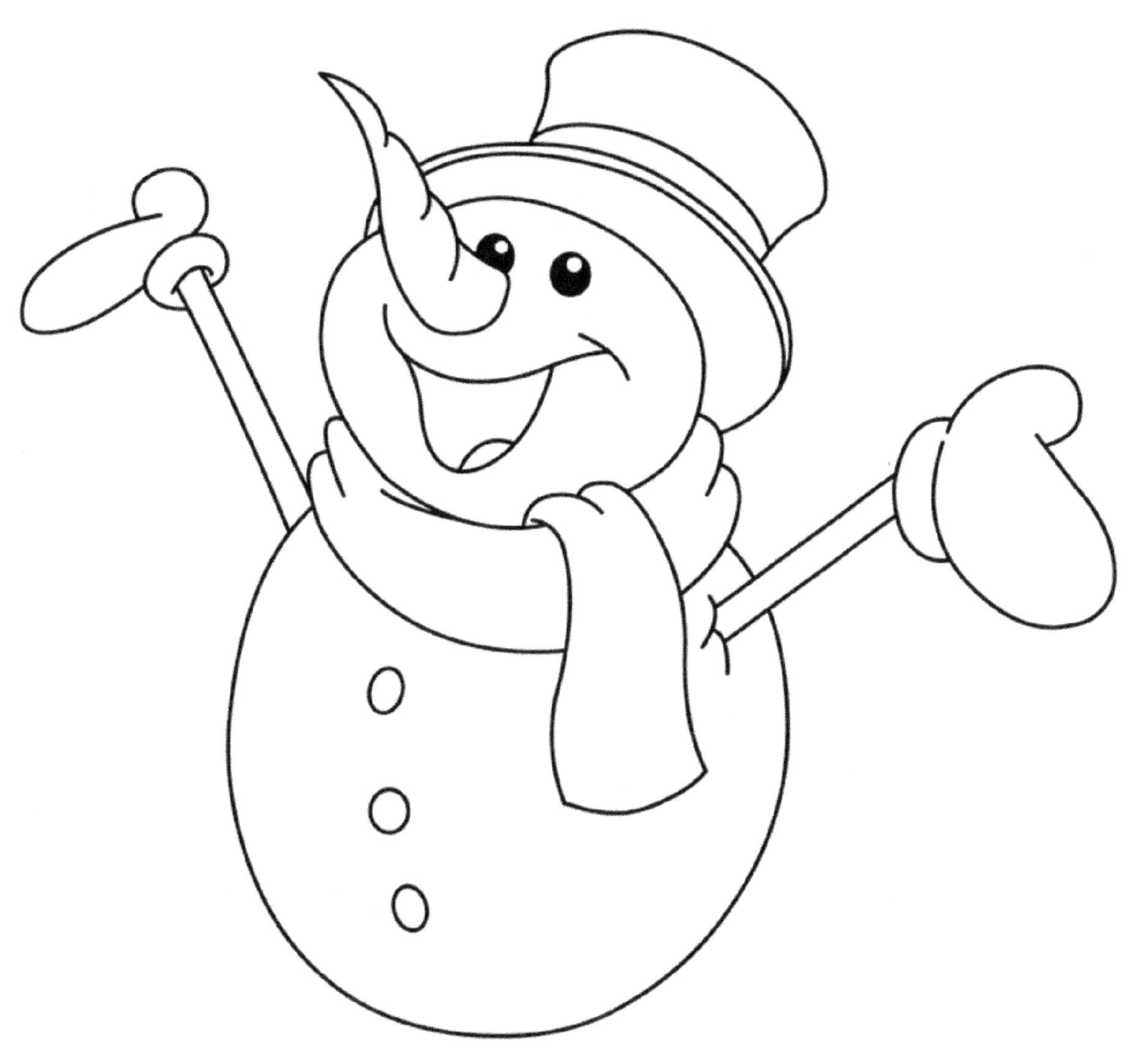

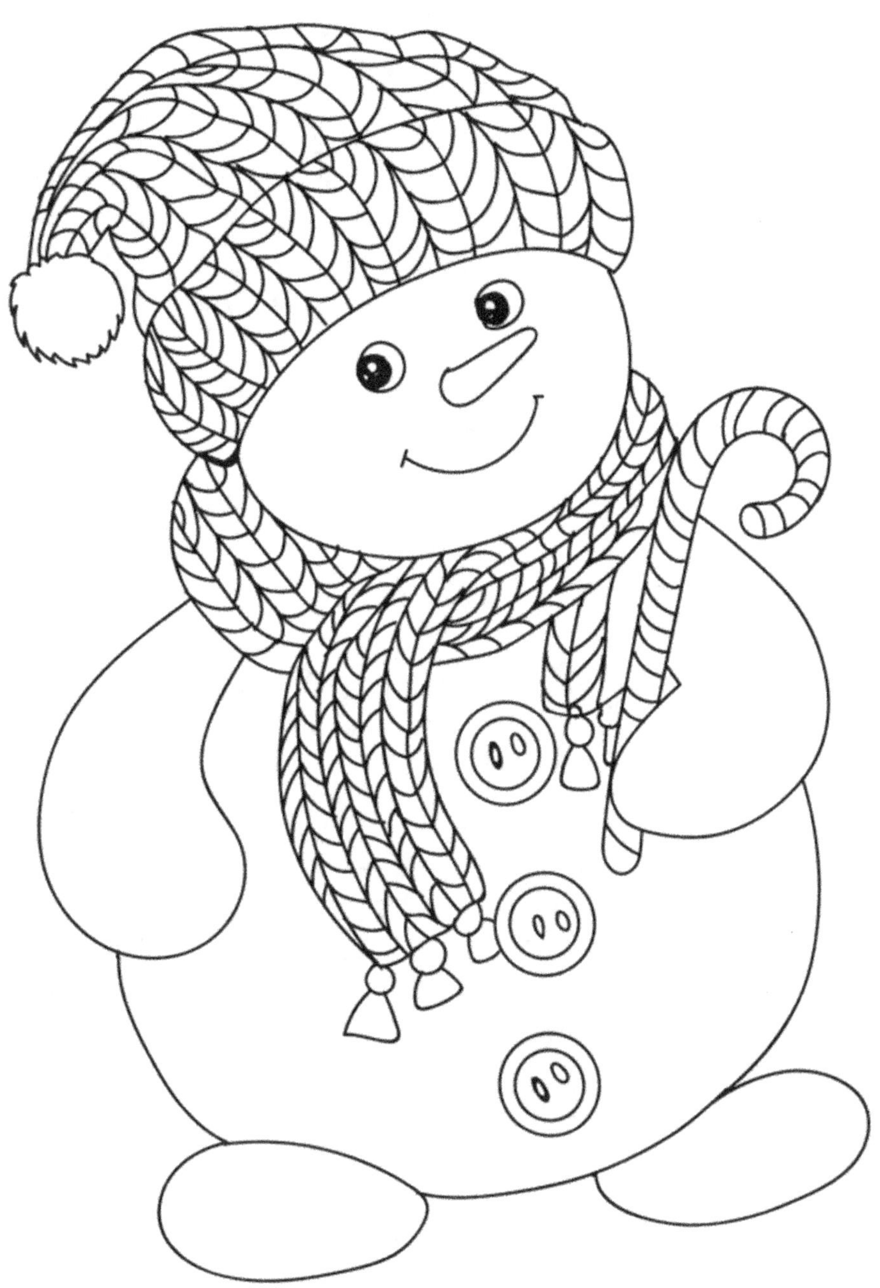

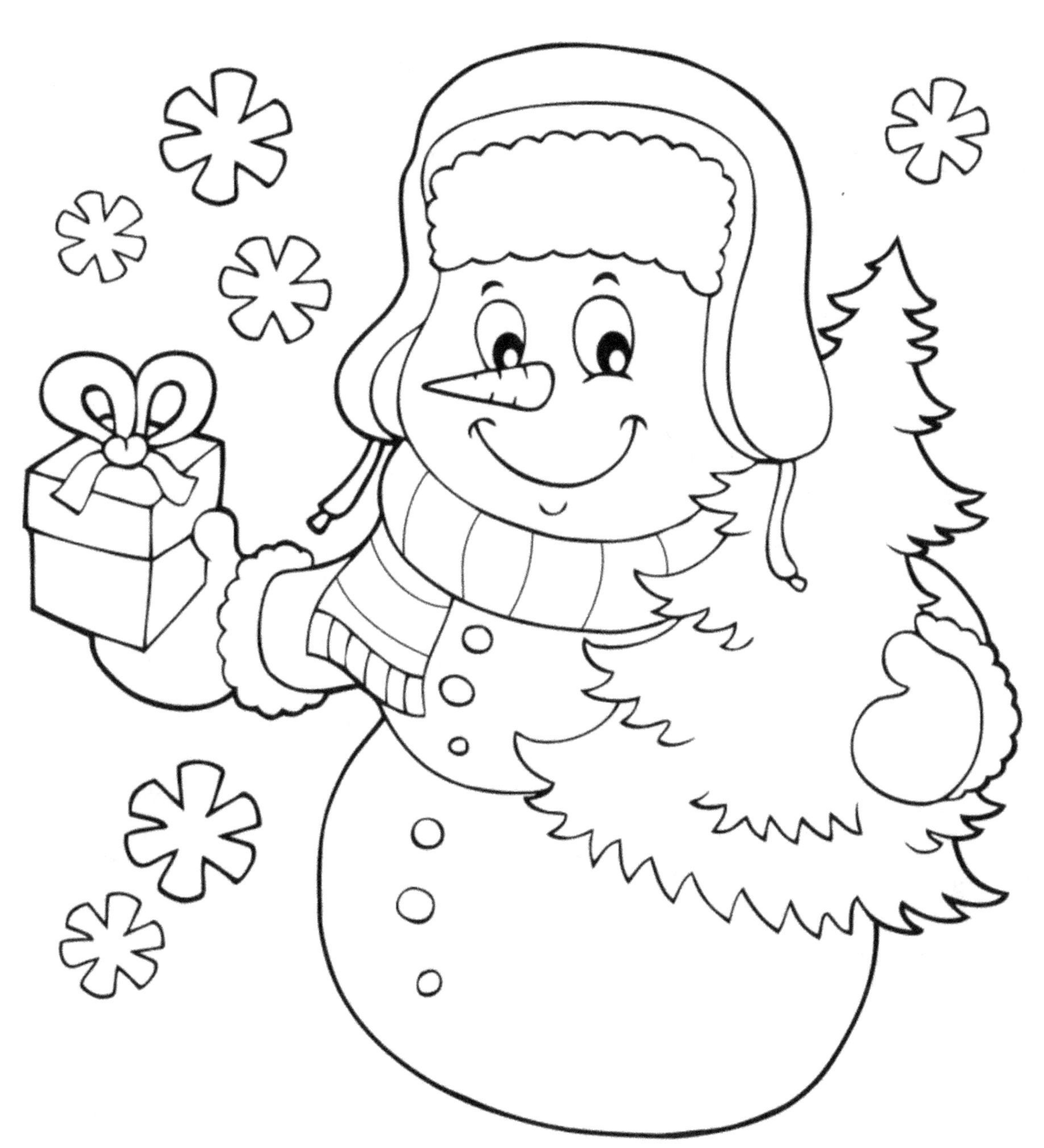

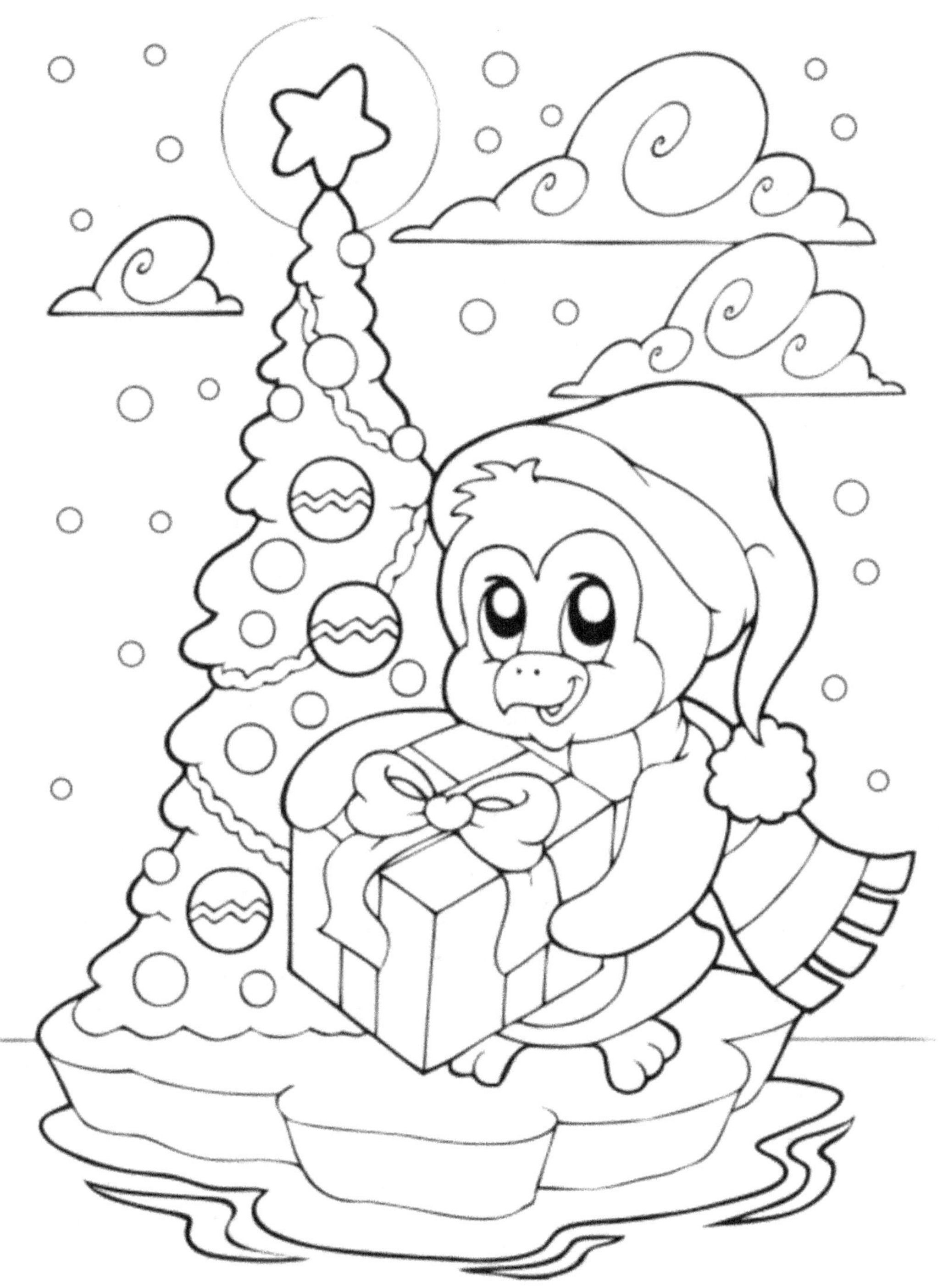

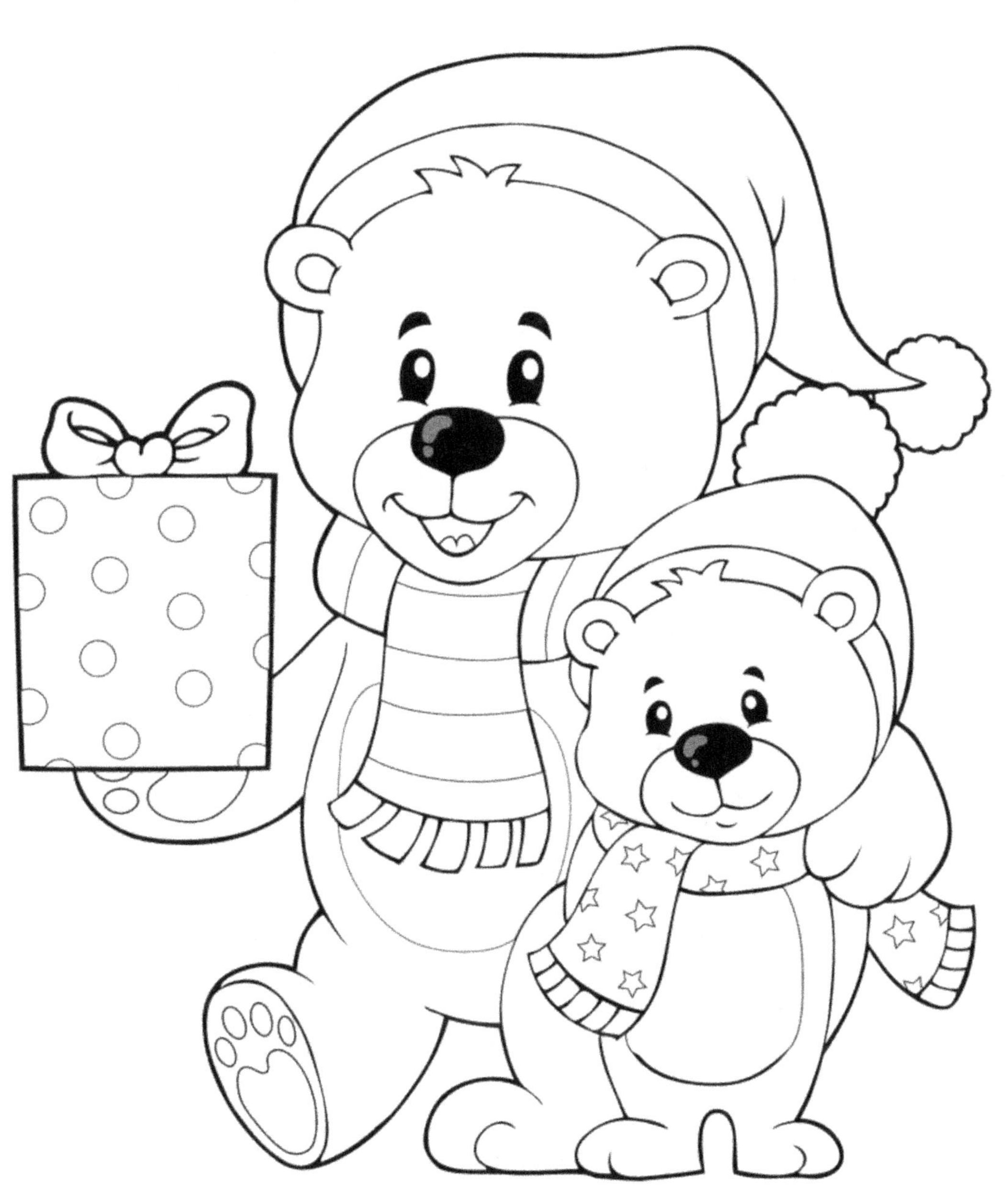

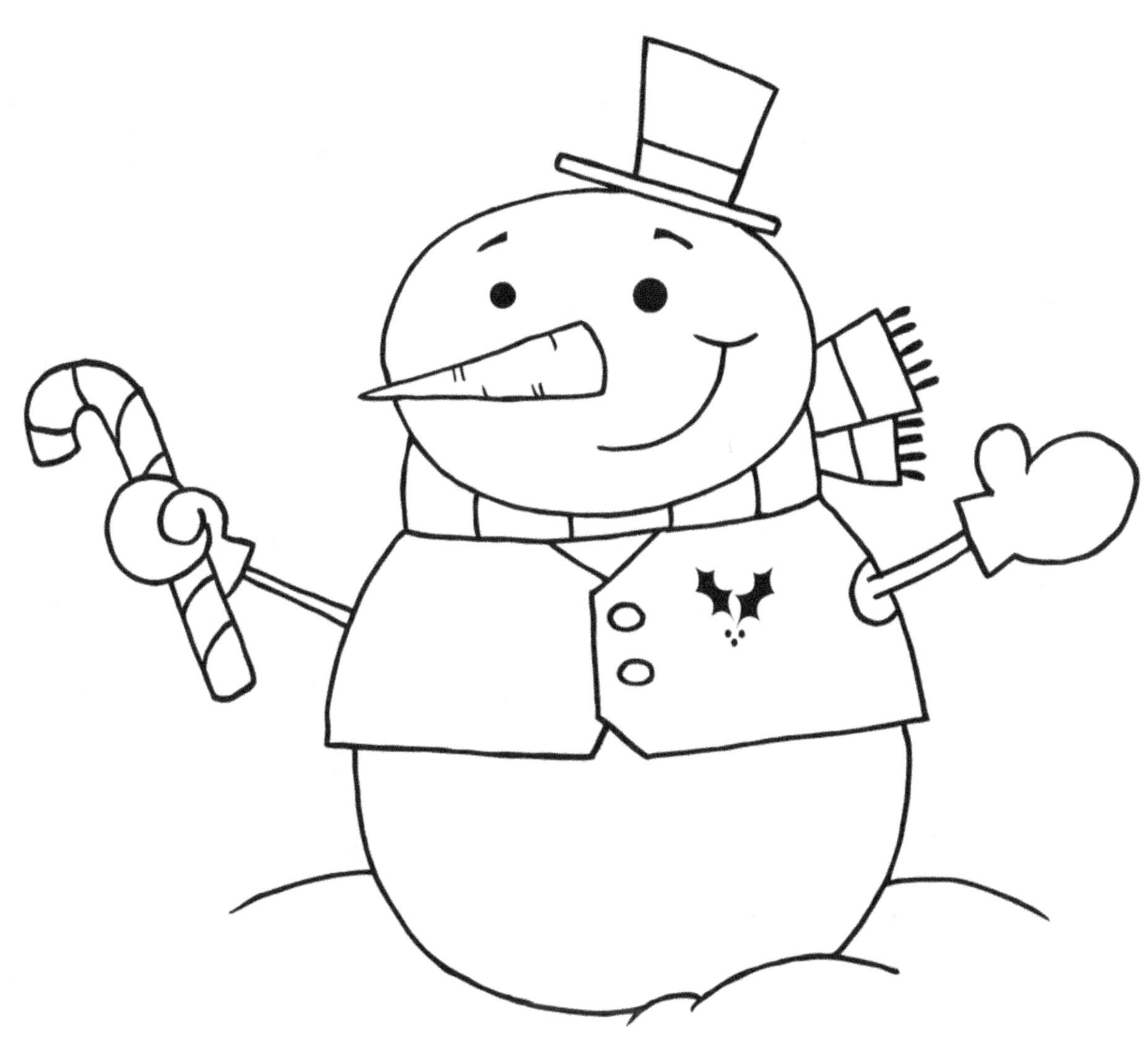

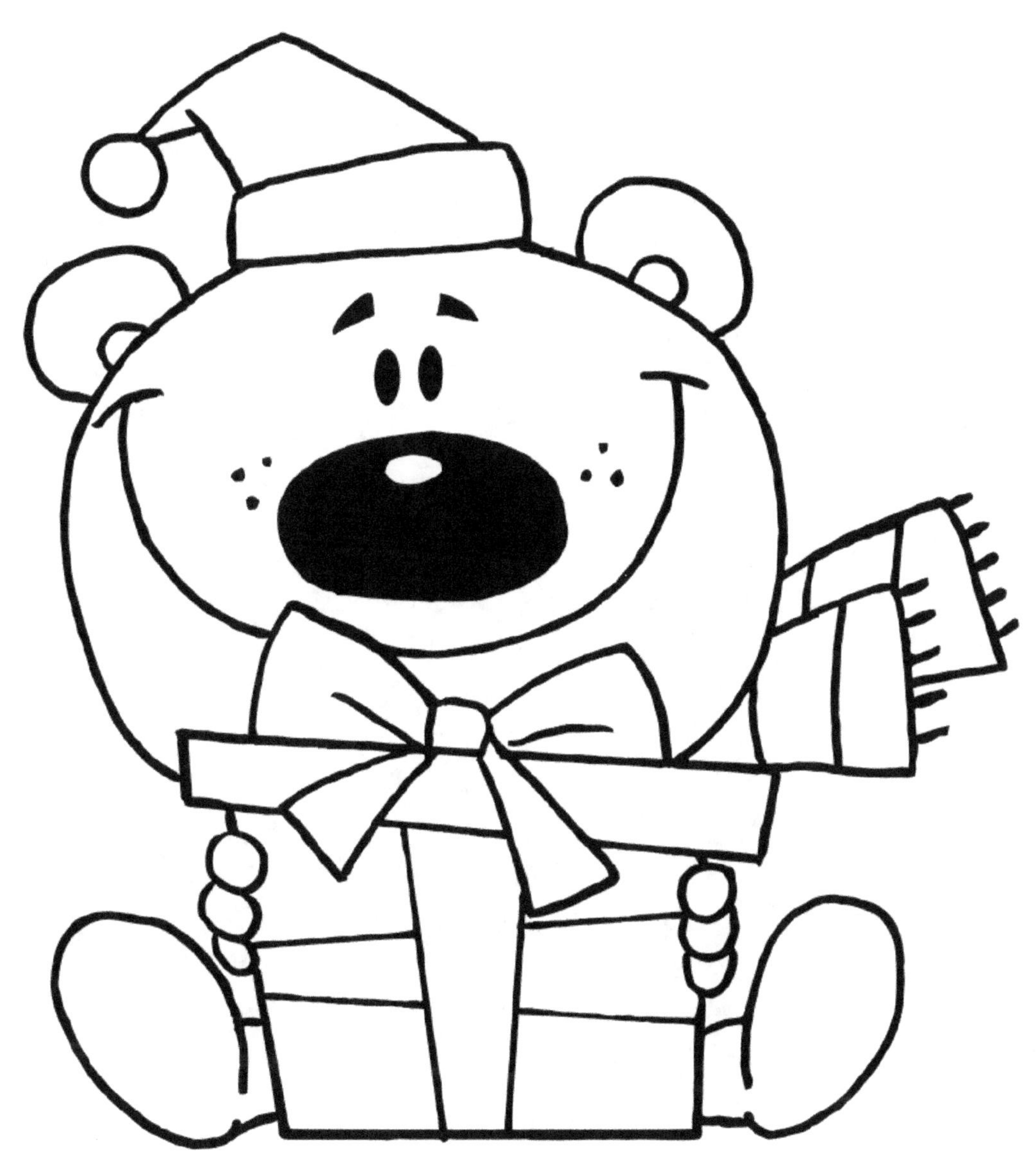

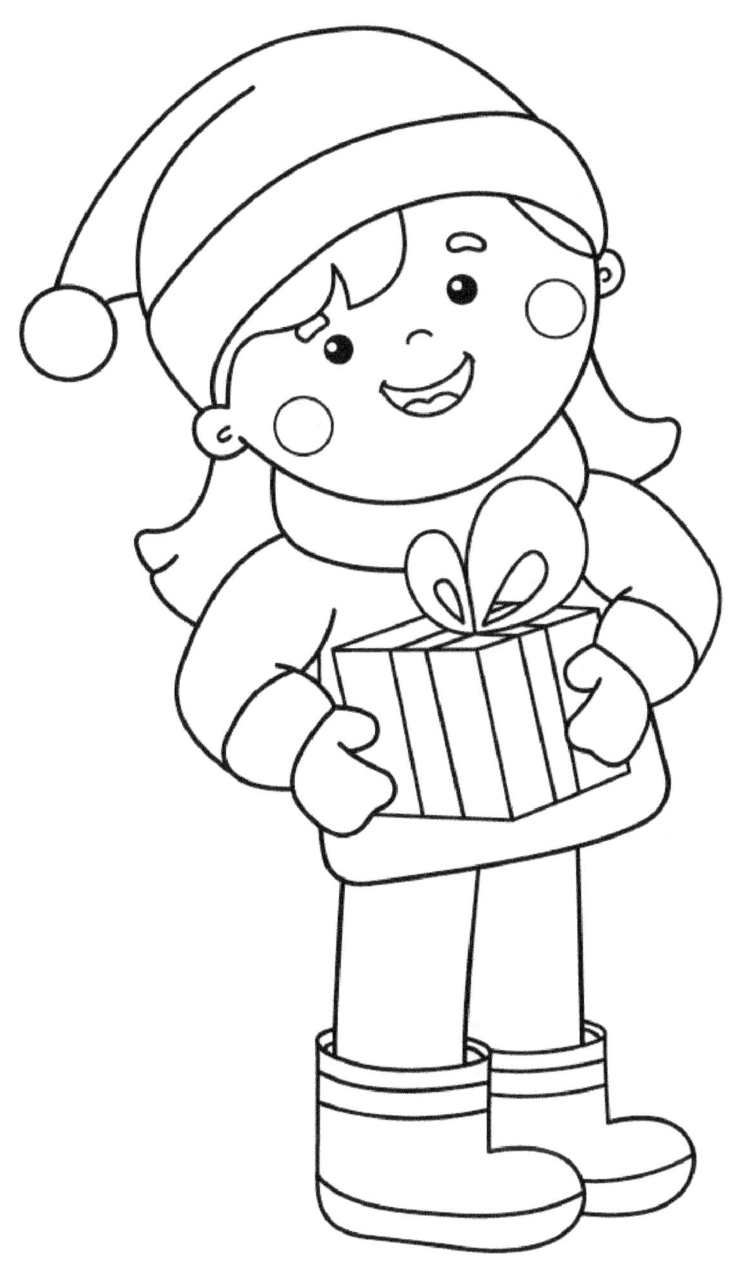

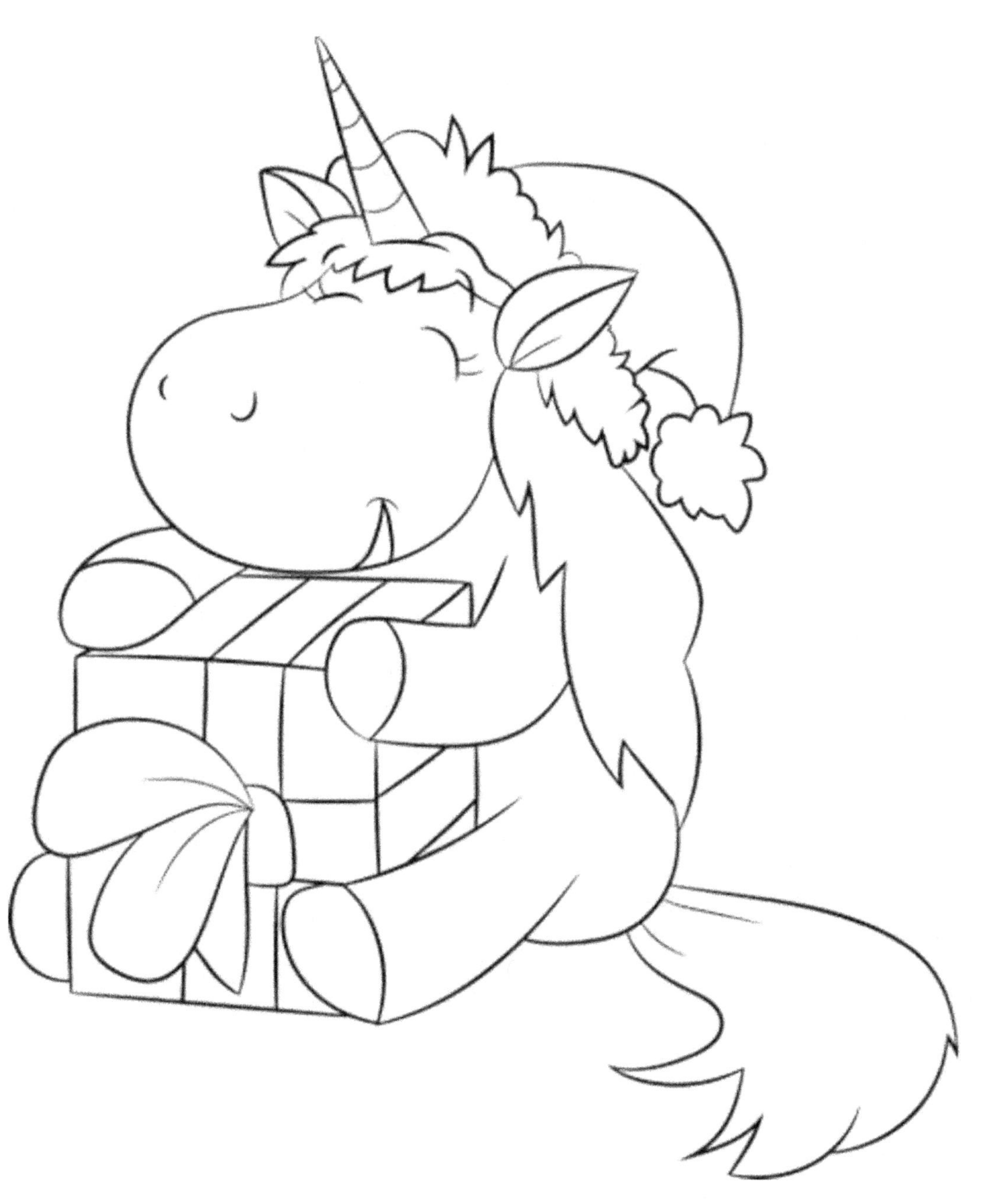

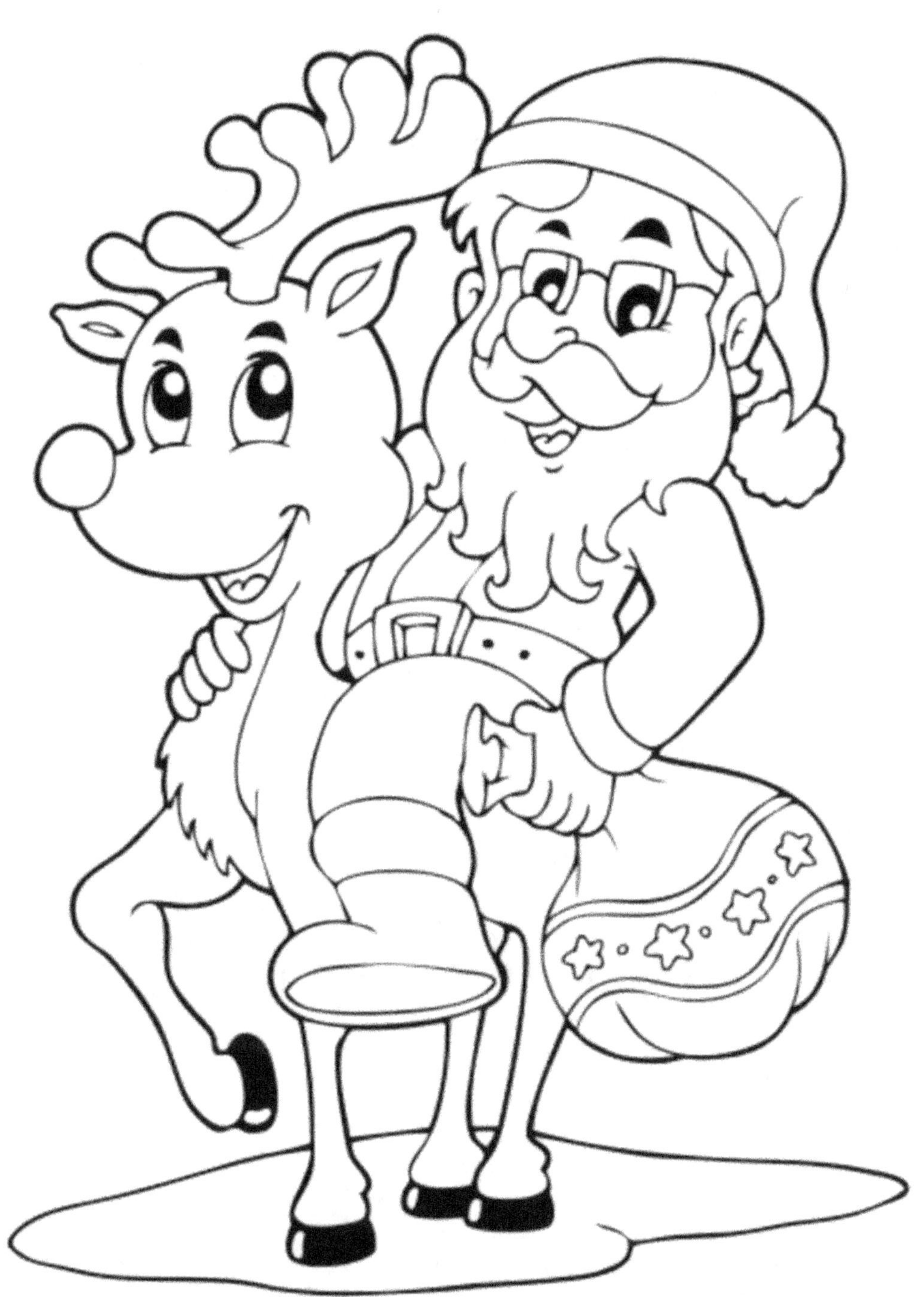

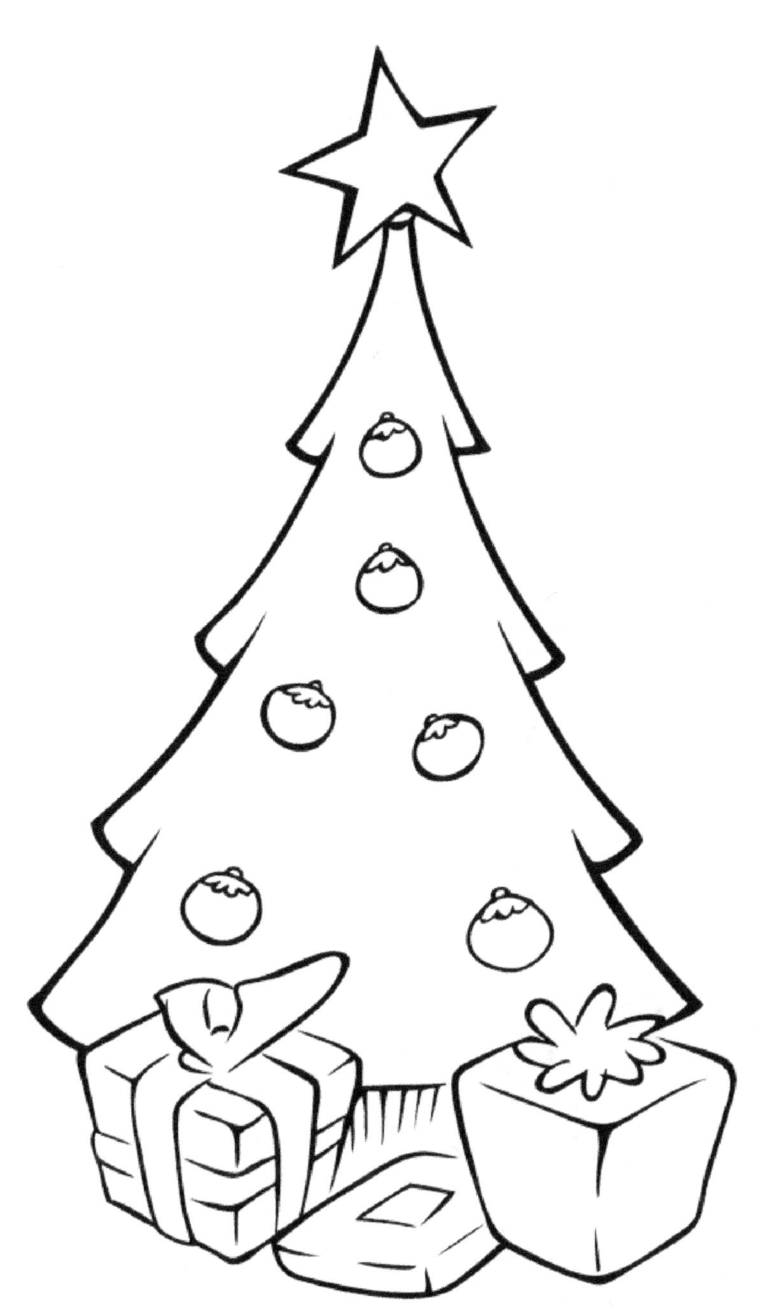

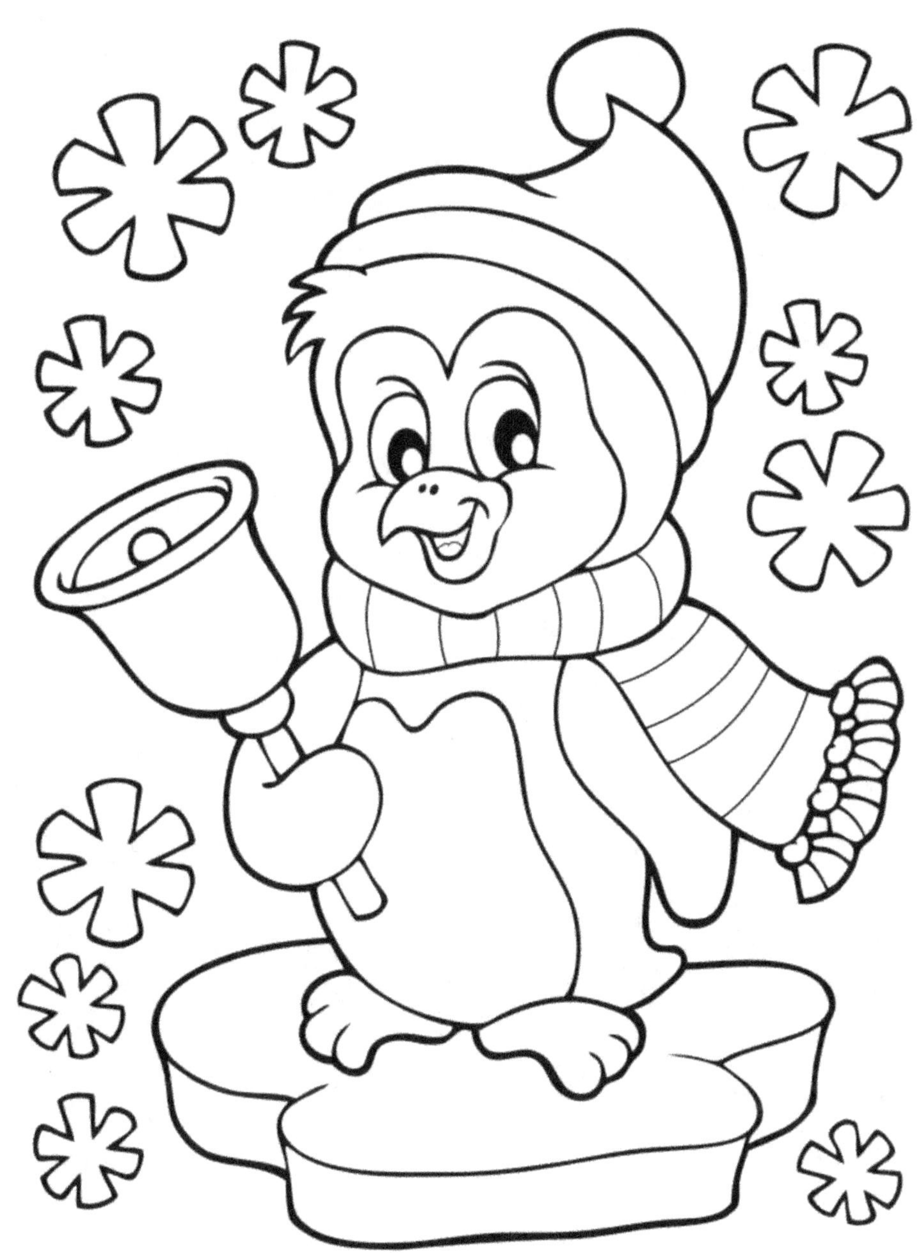

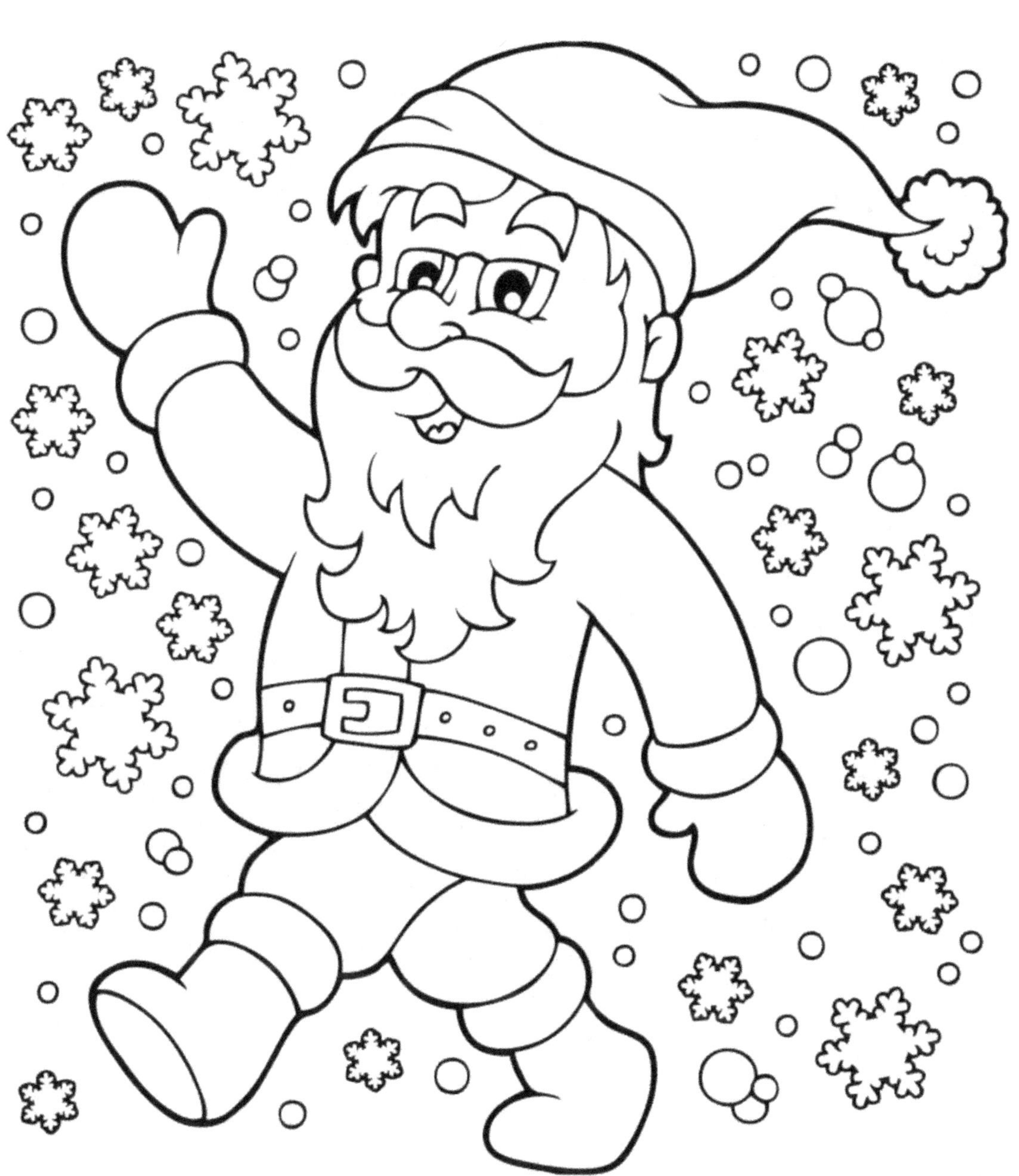

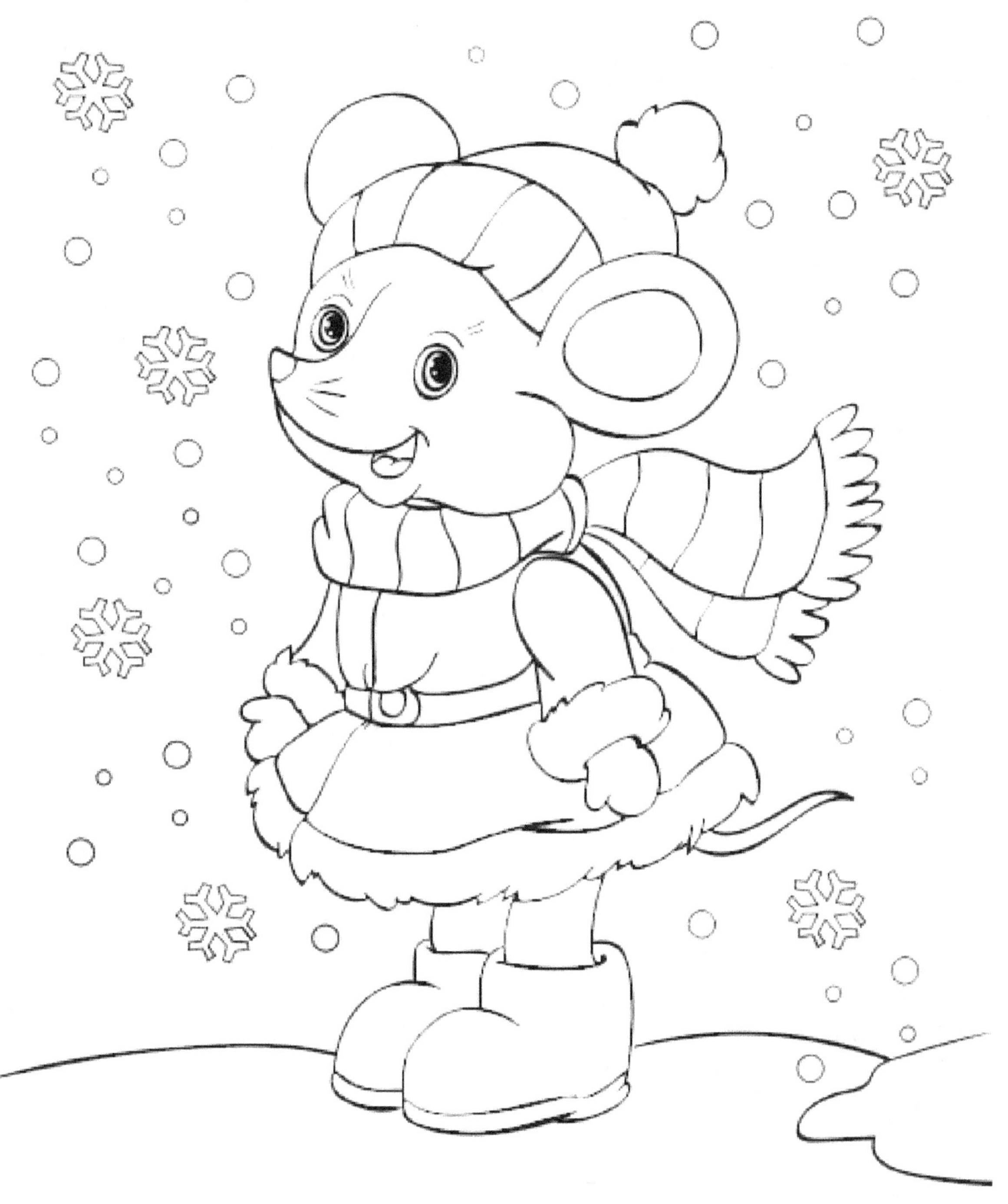

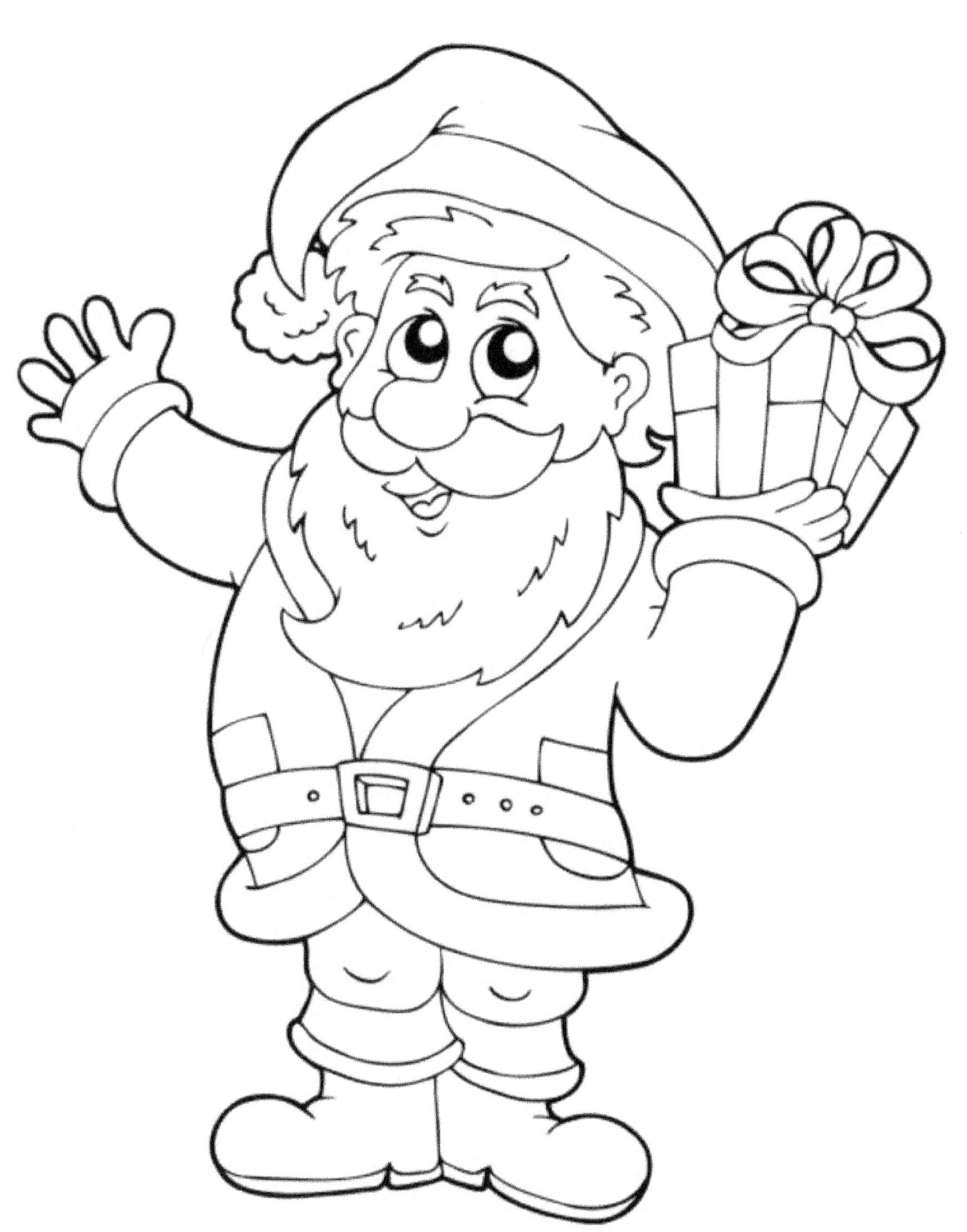